心神《たましい》の法則

S O U L

佐倉志奈子
SHINAKO SAKURA

Clover
クローバー出版

人の半分は感情と思考でできている。
では、残りの半分は？

その答えが、心神《たましい》の法則の源です。

思考と感情がなくなったとき、そこにあるのは「命」であり「生命力」です。
私たちの認識とコントロールを超えたところにある肉体。
自動的に呼吸し、食べ物を消化し栄養を摂取する。それは自分を超えた自分。
心神《たましい》とは、自分であり自分ではない存在。

あなたがあなたと出会う、それが心神《たましい》の法則です。

心神《たましい》の法則　目次

地上の理

心神《たましい》の法則

はじめに

あなたは何を探していますか？

成功することや、豊かな生活を送る方法でしょうか。

理想のパートナーでしょうか。

それとも、この虚しい人生から解放される方法でしょうか。

説明のつかない孤独感や寂寥感をはじめとする、心に空いた穴を埋める何かでしょうか。

私も絶望の日々を過ごしてきました。

何をやっても思うようにいかなくて、お酒に逃げた日々。死んでしまった方が楽だと感じることもよくありました。

この世には神も仏もいるものかと、人生全てを投げ出したくなるような、情けない思いを何度も味わいました。

だからこそ、救われるための「何か」を探し求めていました。探し求めているものがなんなのか、私自身がよくわかっていませんでしたが、とにかく「何か」が足らないからうまくいかないのだということだけはわかっていたような気がします。

そんなある日「人生はなぜ辛く苦しいのか」という私の問いに対する答えが、突然ダウンロードされ始めました。それからというもの、何か問いかけるたびに、答えが浮かぶようになりました。それは人生を解き明かす「最後の鍵」とも言えるシンプルでありながらも深淵な智慧ばかりでした。

正直、頭がおかしくなったか、精神が病んだのかと自分を何度も疑いながらも、同時に「これをどうしたものか」と途方に暮れたのを思い出します。

なぜなら、それほどまでに語られる内容がシンプルで、学んできたさまざまな教えが今までとは違う角度から理解できてしまうほど、私の妄想にしては優れ過ぎていたからです。

「鍵」を通して人生を振り返ると、自分という人間を心から愛しいと思えるようになったり、奇跡が起きたりしました。

また今まで学んできた教えの真髄を理解できたことで、私が「何を探していたか」がはっきりとわかり、それが手に入ったことで、これは頭がおかしくなったのではなくて、本当にメッセージなんだと思うようになりました。

が、一方でこの「鍵」は言語を超えたエッセンスのようなもの。

まずはこの鍵に名前をつけるところから始めなくてはなりませんでした。

この鍵の声ならぬ声は、内側からやってきます。

それは日本人なら馴染み深い「お陰様で」という時に訪れる、内側の安らぎの場所からのように感じました。

そこで私は「心の神」と書く「心神（たましい）」と呼ぶことにしました。

心神《たましい》の声は道標です。

ここに書かれていることが真実なのか本当なのかを疑うのは当然のことだと思いますが、そこを深掘りしても、きっと何も得るものはありません。

それは全く見当違いなことだからです。

大切にしてほしいのは、書かれている言葉そのものではなく、そこから湧き上がってくるあなた自身の「内側の躍動感」です。

色々な教えを実行し続けることが難しかったり、理解を超えて不快感が出たりするのは、言葉や教えに意識が集中しているからです。


言葉そのものに真実はありません。

真実を言葉にしようとしたものが、現代に残っているだけであり、真実が残っているわけではありません。

ただ、そこには間違いなく「真実のエッセンス」が入っています。それを内側に取り入れるかどうかは、あなた自身が言葉を読んで感じた「内側の躍動感」に意識を向けることで変化していくことと思います。

本書を読み進めていくと、意識が自動的に変わったり、または逆に変化しなきゃと思ったりするかもしれませんが、それは気のせいではありません。

今は、自分を守るために起こっている意識と、新しいパターンの意識が混在する台風の渦のような時代です。

外側も内側も同じこと。

状態が悪化しているけれど、同時に好転もしています。

悪化はわかりやすく、好転はわかりにくいのが世の常ですので、最初はわからなくても大丈夫です。

本書は、「宇宙と地上の理（ことわり）」と、心神《たましい》の法則を実践していくための知識の、二部に分かれています。

どちらから読んでも最終的に「心神《たましい》に触れて共に生きる」というところまで導かれるので、読みやすい方、お好きな方から読み進めてください。

また、同じことが繰り返し書いてあったり、読みづらかったりするところもありますが、文章や言葉で叡智のエッセンスを伝えていくため、螺旋階段をぐるぐると回るように、また何度も読み込むためなのだとご理解いただけると、とても嬉しいです。

心神《たましい》はいつも、どんな時でも、死を迎えるその日まであなたのそばにいます。

その安心感があなたに届くことを、心から祈っています。

この本から吹く風が、あなたにとって心地よいものでありますように。

そしてあなたの人生に、どうぞ良き風が吹きますように。

宇宙の理《ことわり》

【宇宙の理その二】
宇宙には、人智を超える何かが存在している

人智を超える存在を、神、愛、大いなる何か、宇宙エネルギーなどと呼びます。

「人智を超える何かを知りたい」

「コンタクトを取りたい」

そうすれば幸せになれるという欲望が私たちの中にありますが、宇宙レベルの存在というのは、人智を超えているのです。

私たちが想像もできない世界の話なのです。

心神《たましい》の法則では、宇宙には自分の想像を超えた何かが存在していることについて「そうなんだな、きっと……」と単純に受け止めることをお勧めしています。

「いるかいないか」「どんな存在なのだ」

そんな風に妄想したり、人智を超えた存在を判断したりしようとする時間は、無駄以外の何ものでもありません。

私たちが逆立ちしても理解できないもの。

それが人智を超えた存在を、一番シンプルに指す言葉です。

【宇宙の理　その二】

人智を超えた存在の拡大はオセロ方式

人智を超えた存在が拡大することで、この宇宙は成り立っている。

その拡大方法とは、細胞分裂方式ではなく、オセロ方式である。

人智を超えた存在が拡大することが、宇宙の生業です。

人智を超えた存在は、私たちが逆立ちしてもわかりようのない存在ですから、わかることができないものが増える、拡大すると言われても、雲を掴むような話。

その生業を「愛」という言葉に置き換え、わかりやすくしたのが、古《いにしえ》の教えです。

∮

愛を拡大することこそが大切だ。

宇宙は愛でできている。


さて、私たちは、自分の中にある良心や思いやりの心を愛と呼び、それらをもっと増やすことが必要だと教えられました。

同時に負の感情をなくしていくことも、人として成長することだと学びました。

これこそが「愛の増やし方」だと学んだのです。

自分の中にある愛を増やす。

それは一つの細胞が分裂して増えていくような方法なので、「細胞分裂方式」とでも言いましょうか。

細胞分裂方式での愛の増やし方は、いつも笑顔を絶やさず、人の痛みを自分の痛みのように感じて行動ができ、人に優しく思いやりを持ち、常に自分より他者を慈しむよう心がけることを求められます。

そして自分の中にある、負の感情も手放すことができる努力と素直さも要求されます。

こうした道徳的な態度と能力が何よりも尊く、私たちのゴールと教えられました。

しかし、残念なことですが、実はとても難しいことばかりです。

なぜ難しいか、なぜできないのかと言えば、そもそも愛というものは、細胞分裂のように分離して増えるものではないからです。

自分の中にある愛を増やそうと頑張っても、そもそもその方法では増えないようデザインされているのです。そして分裂方式で愛を増やそうとする行為は、愛ではないものを増やすことに繋がってしまっています。

宇宙が拡大するための愛は分裂ではなく「愛ではないものを愛へと還すこと」によって増やすものだというのです。

つまりは、リバース、オセロのように裏がえして増えていくということです。

この理は簡単なようですが、実践しようとすると今までの常識や知識が邪魔してくる厄介な真理です。

私たちの中に「真っ黒な感情」があるのは、理によって「そうなっている」「そのように作られている」ということです。

自分の中にある黒い負の感情が白（愛）へとひっくり返ることで、愛（白）が増えていく。

これが愛を増やす宇宙の理であり、その方法です。

【宇宙の理　その三】

愛ではない痛みの記憶の正体

愛ではないものとは、エゴや自我と呼ばれる「負の記憶」で、心神《たましい》の法則では「痛みの記憶」と呼びます。

痛みの記憶は、人が地上に生まれてから記憶されてきた様々な負の記憶で、想念とも呼ばれる未消化の思考や感情でもあります。

∮

痛みの記憶とはその名の通り、生きているときに味わった、辛く苦しい体験や恨みを残すような悲惨な目に遭った体験をしたときの「痛く辛い記憶」です。

仏教では三毒と呼ばれる代表的な煩悩がありますが、そうした煩悩で、思考し行動するのが「痛みの記憶」の基本であり、自分を見失ってしまっている状態であるとも言えます。

自分を見失う、それは「愛」を見失ってしまっている状態ですので、「愛を知らない意識」とも言います。


こうした辛い過去の記憶が「愛ではないもの」の正体です。

愛を知らないため、思考や感情は、常に不平不満と疑心暗鬼で満たされているため、愛を与えるような思考はできません。

そのために、エゴと呼ぶ意識を悪いものと考え自分の中から排除しようとします。また、ブロックと認識して解除しようとします。実際はこうした認識とは違い、痛みの記憶は大切な役目を持っているのです。


この世に不要なものなど、何一つ生まれません。

痛みの記憶の役目と輪廻の仕組み

【宇宙の理　その四】

痛みの記憶の役目は愛へと還ることで宇宙を拡大する「種」となっている。

愛へと還るまで、痛みの記憶は、何度も何度も、地上へと生まれるのである。

∮

痛みの記憶の役目は、愛へと還ることで宇宙を拡大するという、とても大切なものです。とはいっても、そもそもが「愛とはかけ離れた意識体」ですので、ドロドロとした思考と感情の塊であって、とても悲しくもおぞましい想念です。

少し遠回りな話をしますが、できるだけわかりやすくお伝えしていくためですので、しばらくお付き合いください。

古の土着信仰や宗教などでは、輪廻転生や生まれ変わりという概念が多く見られます。

昔大ヒットした映画「霊幻道士」というのをご存じでしょうか。

映画に登場する「キョンシー」という存在は、道教の概念で説明できます。

道教には魂魄（こんぱく）という概念があります。

人は魂（こん）という精神を支える気（エネルギー）と、魄（はく）という肉体を支える気（エネルギー）という二つの異なるエネルギーを持つ存在だと説かれています。

道教では人は死ぬと魂と魄に分かれ、魂は天に帰り、魄は地上に残ると考えられています。

そこでキョンシーが出てきます。

キョンシーとは、中国で遺体が夜に突然動き出して人を驚かせると言われる怪異の一つですが、このキョンシー、一説では魂がなくなり魄だけになったものだとされています。

映画では、出稼ぎ中に亡くなった遺体を故郷へ搬送する手段として、この世に残っている魄を封じ、呪術で遺体を歩かせたのが始まりという伝承からヒントを得て作られたそうです。

「魄」は怨念や怨恨とも同義語であることから、心神《たましい》の法則でいうところの、痛みの記憶と同じものだと言えます。

世界には、真理がそこかしこに伝承として残っているのだと思わせられます。

さて、肉体に残ることができる魄、つまり痛みの記憶には、DNAと呼ばれる地上で生きるために必要な情報が入っています。

それぞれの星に生まれる心神《たましい》は、その星で生きるために必要な肉体的情報を得る必要があり、その星で生まれた痛みの記憶を取り込むことによって、生まれることが可能になるというわけです。

魂（こん）と呼ばれる心神《たましい》に戻る場所があるように、魄（はく）と呼ばれる痛みの記憶もそれぞれが集合している「場」があります。

それを想念帯と呼びます。

想念帯は「帯」という字が表すように、オゾン層のような帯の形で地球の周りを覆っていて、その中身は記憶のプールのようなものだと想像してください。

私たちがこの地上に生まれるためには、命の基《いしずえ》となる心神《たましい》と、肉体の基となるDNAを持つ痛みの記憶が、一つになって可能になります。

【宇宙の理　その五】同じ人間が存在しないのにワンネスの意味

一人として同じ人間は存在しない。
人は皆一つの存在なのだ。
この二つは、矛盾せず、人間という存在を作っている軸である。

まず源と繋がる心神《たましい》が、愛を増やすという役目のために生まれる星を選びます。その星の周りを囲む想念帯を通り過ぎるとき、そこから地上生まれの痛みの記憶を取り込むことで、生命情報、遺伝子情報を得て、肉体を持って生まれる準備ができます。目的は愛を増やすためですが、そもそも増やす「愛」というものは、現在周知されているものとは違うため、「地上の理」で説明します。

∮

生まれる場所や感情は痛みの記憶によって変わります。
少し話がそれますが、親を選んで生まれるということについて、大切なことなので書いてみます。

よく言われている「子供が親を選んで生まれる」というのは、心神《たましい》（愛）の部分ではなく、愛を知らない痛みの記憶です。

痛みの記憶として似たような体験をした者同士が惹かれ合ったり、または自分の傷（愛の種）を開くために、自分の敵になるような相手を親族に選ぶこともあります。

子供が親を選ぶという真実は確かにありそうですが、それは美しい解釈だけになっていて、一見子供が親を選ぶという無邪気な話に感じるけれども、その裏で親になれない、つまり子供に選ばれないのだと傷ついている人がいるということも、知る必要があります。

真理というのは、このようなコインの裏表はありません。

誰かが喜び、誰かが傷つくということは真理にはあり得ません。

真理とは法則であり、物語ではないからです。

子供が親を選ぶという美しい話の裏に、自死を選ぶほど傷つく人がいることは、その話に「影」の部分が存在している、つまり宇宙の法則ではないということがわかるでしょう。

§

さて「あなたの代わりは誰もいない」と言われたかと思えば、「人は皆一つなのだ」というワンネス意識が説かれたりと、全く違うことを堂々と説くのがスピリチュアル。一体どっちなの？　と怪しんでしまうのも当然です。

実際に私もその一人でした。

こうした矛盾を抱えるのがスピリチュアルのスピリチュアルたる所以なのですが、それはどちらも真実の一片を説いているからなのです。

心神《たましい》が様々な痛みの記憶を身につけ生まれることで、私たちは唯一無二の存在として地上に誕生します。そのため「誰一人として同じ人間は存在しない」と言われています。

あなたの代わりは誰もいないと。

そして同時に、心神《たましい》の部分は宇宙と繋がる一つの存在です。

古の教えはどちらも私たちの本当の姿を言い表しています。

私たちはただ唯一の存在であり、そしてまたワンネスの存在です。

【宇宙の理　その六】

本当の自分

新しい生命として生まれたとき、そこに新しい意識体が誕生する。

∮

過去の人生の「痛みの記憶」を持ち、また宇宙の源である心神《たましい》を核として誕生した私たち。

地上に生まれるとき、私たちの肉体と共に、心神《たましい》でも過去の記憶でもない「新しい意識」が誕生します。

これが「今世で生まれた意識」であり、第三の目、又は本当の自分と言われるものです。

問題はこの「本当の自分」というのは目覚める必要があるという条件付きの意識だということです。

過去の記憶でも、宇宙意識でもない「新しい意識」。

本当の自分、ハイヤーセルフ、などと呼ばれるものですが、心神《たましい》の法則では誤解を避けるため、またその役目をはっきりさせるため「第三の目」と呼んで区別します。

【宇宙の理　その七】

私たちは三位一体

私たちが三位一体として生きるとき、初めて人生を生きる鍵を手に入れることができる。

宇宙（愛）を拡大するという目的を持っている心神《たましい》。
その目的を達成するために愛ではないものとして身につけた痛みの記憶。
そして、真逆な質を持つ、二つの存在を繋げるために生まれた「第三の目」。

この三つの存在が本当の自分の姿なのだ、ということを受け入れることが、人生を豊かに生きる鍵になります。

三位一体とは、外側にある奇跡を起こす何かではなく、すでに奇跡が起こっていることを知った「自分自身」です。

私たちは自分は一つの意識体なのだと思っているため、自分の内側に矛盾を抱え、何が本当の気持ちなのか、本当の自分はどれなのかと混乱します。
そしてブレない自分、本当の自分さえ見つかれば、裏表のある自分や矛盾した自分から卒業できて幸せになれると教えられてきましたが、実のところ、そんな自分を見つけることはできません。

そもそも、私たちは一つの意識体ではなく、三つの存在が重なり合い影響し合ってできている複合体です。

さらに痛みの記憶は一つではなく、様々なパターンを持って生まれているのですから、矛盾を抱えるのは当たり前、そうできているからです。

そんな私たちがこの地上に生まれて実際には何をどうするのか。

どうしてこんな面倒なことをして生まれてきているのかを、「地上の理」としてお伝えします。

地上の理

私たちが生まれた目的は「宇宙の拡大」なのだ。

「だいたい、宇宙の拡大とか言われてもよくわからないし、そんなことよりも日々の辛い出来事や、不安定な世の中の問題を解決する方法とか、幸せになるために何をしたらいいのかということのほうが大事なのでは……」

心神《たましい》の法則を伝えられたときの私の感想は、こんな疑心暗鬼なものでした。

しかしそれはとんでもない勘違いだったことに気づかされました。

地上の理の叡智を知り、受け取っていくことはとても重要です。

特に私のように、疑心暗鬼で不安と不満に苦しんでいるのなら、なおさら知って欲しいことばかりです。


全ての理は、宇宙の拡大という壮大で意味不明なものが、私たち一人ひとりの小さな存在によって可能になります。

それは今抱えている、とても個人的な小さな悩みや、人生を投げ出してしまいたくなる苦しみなどによって促されていくものだ、ということが理解できる道標だからです。


この苦しみの理由が知りたい。

ここから出る方法が知りたい。

なぜ生まれてきたのだろう。

そんな方にこそ、知ってもらいたいと心から思います。

【地上の理　その二】地上に生まれた目的があった

地上に生まれた目的は「宇宙の拡大」である。
その方法として、愛ではないものを愛へと還す方法が選択されている。

では、この難関から始めましょう。

宇宙や神そして愛、これらが一つの存在を表しているものだとしたら、私たちが一番理解しやすいのは「愛」という単語でしょうか。

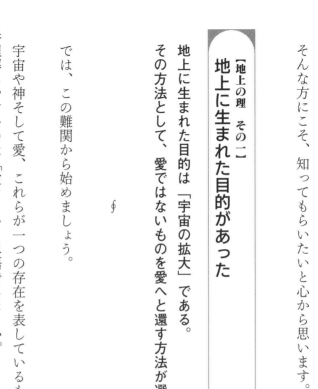

愛という言葉で訳すと、私たちが生まれた理由は「愛の拡大」であり、その方法は「宇宙の理」で学んだように「愛ではないものを愛へと還すこと」です。

古の教義でも、「愛を増やすこと」「地上を愛の楽園にすること」というようなことが言われています。この理自体、何も目新しいものではないですが、大きな違いは、その「増やし方」です。

私たちは幼い頃から、自分の中に人に優しくする気持ちや愛情を増やすことを教えられ、そして求められてきました。

人の痛みを知り、思いやりを持ち善行をするという道徳を学校で学びました。

道徳的な成長が人としての成長であり、またそれこそが神に愛され幸せになれる道であると教えられてきたのですが、ここに落とし穴がありました。

自分が辛くないとき、対岸の火事を安心できる場所で見ているようなときには簡単に人に優しくできるのですが、いざ自分の身に火の粉が飛んでき始めたら、自分の身を守ることが優先するので、実行するのはとても難しいものになります。

自分が大変な思いをしているときに自分のことよりも人のことを思うなんて、所詮無理な話ですし、逆にそれは普通のこと。
それを優しさがない、思いやりがない未熟な状態だと、理想の道徳に当てはめてしまって、自分はダメな人間なのだと思う人が増え続けました。

愛を増やすためには、我慢や自己犠牲が必要だということでしょうか。
それは愛でしょうか。

真理は、誰も不幸にしないと言われます。
これを見極めに使ってみると、とてもシンプルでわかりやすくなります。

自分の中の愛を増やすため、さらに、神様に愛される自分になって幸せになるためだと言われ学んだことの中には、光と闇があり、失敗すると自分はダメな人間になってしまうという、愛とはかけ離れた不具合があるのです。

それはまるで賭け事のような人生とも言えます。

これは本当に真理でしょうか。


そしてもう一つ、愛の解釈として不明確なものがあります。

それは「愛情と愛」についてです。


私たちが学んできたものは愛情を通して「愛を分かち合う方法」であり、それはそれでとても尊いものですが、生まれてきた目的である「愛を拡大する」ものではありません。

愛情と愛は別物だからです。


今、天地が私たちに求めているものは再生と復活の真実です。

それは紛れもなく「愛を増やす方法」が開示されてから始まるもので、どれだけの人がそれを受け入れ、実行していくかということが問われていきます。

大きな転換ですが、実際は一人ひとりの概念、世界観が少し変わるだけで再生と復活が始まります。

今まで通り、道徳を通して愛情を分かち合いながらも、本当の愛を増やしていくことに力を注いでいくことを願います。

私たちが愛情ではない「愛」を自覚するためには、「愛ではないもの」を自分の中に見つけて、「愛へと還す」という段階を踏む必要があります。

自分の中の愛ではないものとは「過去の負の想念」、または「エゴ」として認知されている痛みの記憶のことです。

【地上の理　その二】

地上での私たち

地上で肉体を持つ間、心神《たましい》は人格として存在しない。

人間の思考と感情は常に「痛みの記憶」である。

私たちは、本当の自分というものを見失っているから辛いのだと思いこみ、「本当の自分」に憧れ、探し続けています。

本当の自分は「魂」なのだと思っている人も多いでしょう。

大切な存在に対して溢れ出る愛情や、他者に対して優しくなれる自分など、豊かで理想的な人格がきっと本当の自分なのだと、私も思っていました。

本当の自分に目覚めれば、神と繋がり悟った状態になれるのだろうと、そんな風に思っていたのですが、心神《たましい》の法則を学ぶことで、私は間違っていたんだと気づくようになりました。

宇宙の大いなる何かと一つである心神《たましい》は、間違いなく私たちの核ですが、この地上を生きる人生の中では、人格として存在しません。

人と比較して嫉妬したり、すぐに怒りが湧いたり、愚痴や不平不満だらけの負の感情や思考だけではなく、良心や常識、優しさや思いやりなど、道徳的な思考や感情、そして行ないも含めて全部まるっと「痛みの記憶」であるというのです。

この概念は人生を大きく変換させる鍵であり、全てを逆転させるものです。


最初はよくわからなかったり、嫌な気持ちがして否定したくなったりしますが、素直に受け取ってみてください。

実践する中で理解が深まっていくと、乾いたスポンジに水が吸収されるように徐々に内側に浸透し、瑞々しい人生へと変わっていきます。

全ての古の教えが、誰に教わらなくても自分の中で簡単に理解できるようになっていきます。

この経験はとてもすごいものです。

なんだか嫌な気持ちになったり、素直に受け取れなかったりするときは、一度そこから離れてみて、また戻ってきてください。

そのときのコツとして「素直に受け取りたいです」と、自分の心神《たましい》に頼ってみることと。自分で受け入れようとすると、失敗します。

そのとき、最初の小さくて大きな奇跡を体験できるかもしれません。

【地上の理　その三】愛の種として生きる

痛みの記憶は愛を知らない意識体だが、愛の種である。

愛でないものを愛に還す目的のために、痛みの記憶を基礎として人生を生きることになる。

∮

エゴや負の感情と言われるものは「正すべき欠点」であり、「排除すべき恥ずかしいもの」で「悪いもの」と言われてきました。

この世には、エゴや負の思考や感情のパターンをなんとかするための方法が山のようにあり、今現在も増え続けています。

しかし心神《たましい》の法則では、エゴこそが一番重要なものであり、生まれた目的の源なのだと教えられました。

このエゴを「痛みの記憶」と呼びます。

痛みの記憶は、負であるがゆえに、愛へと変わる種だと言うのです。

私たちは、生まれた目的を達成するために、愛の種である痛みの記憶が「自分の思い、感情なのだ」と思い込んで、愛のない自分を嘆きながらこの世を生きるように作られているというのです。

痛みの記憶とは何か、痛みの記憶はどんなものなのかを理解していくことが、人生を語る上で重要な理由は、ここにあります。

【地上の理　その四】

孤独と不安と恐怖の世界

痛みの記憶は、一人で生まれ生きていると信じて生きている。

心神《たましい》の存在も知らず、生まれた理由もわからず、ただただ未来が見えない不安と恐れのみで構成された、負の世界を生き続けている。


「気がついたらこの世に生まれて生きていた」

痛みの記憶の記憶はここからスタートしています。

生まれたときの記憶も、肉体がどうやってここまで成長したのかも、全く記憶にありません。ただ、突然「気づいたらここにいた」という感じです。


痛みの記憶が、「気づくまで」肉体を成長させたのは生命、つまり心神《たましい》です。

小さな赤ちゃんが、笑ったり泣いたり、食べたり出したりしているのは、痛みの記憶ではない「生命」です。

痛みの記憶が目覚めるまで、心神《たましい》が肉体を保護し成長させています。

そして、あるとき突然「私」の目が覚めます。

これは私のもの。私はあれが欲しい。私は悲しい。私は嬉しい。

これが、痛みの記憶の目覚めた後に起こるものです。

目覚めた痛みの記憶は、ある日突然この世に生まれたと感じます。

生まれた理由も知らず、自分が何者なのかも知らず、ただ過去の怖かった記憶に囚われたまま、この世をなんとか生きていこうとする意識です。

痛みの記憶は、集合意識として常に他の痛みの記憶と繋がっているため、他者の中にある痛みの記憶に触れたり、地上に残った重い重力の波動を感じたりすると簡単に同化し、その恐れを自分の感情であり、自分の考えだとして生きることになります。

この状態を見える人たちがいて「何かに取り憑かれている」というようになりまし

た。

ちなみに、全く身に覚えのない怒りや悲しみが湧き上がってくるというときなどは、外からの影響だと考えやすいですが、実際は痛みの記憶は繋がっている状態なのでそれも自分のものだと言えます。

【地上の理　その五】
前世とカルマ

前世とは、痛みの記憶が持つ記憶のことであり、それは個人的な人生の記憶ではなく、想念帯に溶け込んだ様々なパターンの記憶の断片である。

輪廻しているのは、痛みの記憶であり、心神《たましい》ではない。

愛を知ることができなかった、痛みの断片的な記憶ということになる。

同時にカルマも個人的なものではない。

心神《たましい》が想念帯より取り込んだ、痛みの記憶のカケラを自分のものとして感じている

のである。

それを愛へと還す、つまり愛を知ることが人生の目的となる。

【地上の理　その五】も大変重要で、かつ従来と大きく概念の違うややこしいところです。

前世占いが流行ったことがあります。

不思議なことに、多くの人がお姫様だったり、歴史上の有名人だったりするのが面白かった記憶があります。それはどうやら、心神《たましい》ではなく痛みの記憶の断片だったというのですから、とても興味深い話です。

輪廻があるとする世界観で前世といえば、自分の魂が何度も生まれ変わっていると信じられています。輪廻の目的は自分（魂）を磨いて、自分（魂）が神の世界へといくことです。

心神《たましい》の法則では、前世とは個人的なものではない。

そもそも魂という存在は輪廻しない、とお伝えしています。

心神《たましい》は目的を持って地上へと生まれますが、そのときに必要なのがそれぞれの星で生まれた記憶、痛みの記憶であり、その記憶は想念帯という場所に集合意識として集まっています。

痛みの記憶を水に例えるとイメージしやすいかもしれません。

想念帯は大きなプールのようなものです。

肉体から離れた個別の「私」という記憶は、水飛沫のようなもので、プールに集まり水の中に溶け込みます。個であり全体であるという感じでしょうか。

いろんな感情や記憶が溶け合ったプールから、水をすくうように痛みの記憶の粒たちをすくい取るのが心神《たましい》です。

すくい取られた記憶は一つという概念ではなく、混じり合った水のようなものですから、いくつもの記憶が混じり合っています。その記憶の断片が混じり合ったものが個人の前世の記憶となるため、私たちに個別のカルマや前世があるのではないということがわかります。

人生では、痛みの記憶が「私」の基礎となります。

プールの中からすくわれた記憶の断片とはいえ、それが自己を作る礎であることに変わりはありません。

【地上の理　その六】
自分の本来の姿

地上に生まれた肉体には、同時に新しい意識体も生まれる。
それが今世の自分の本来の姿であり、また目覚める必要があるあなたである。

心神《たましい》が痛みの記憶を想念帯のプールからすくい取り、目的を達成するために必要な設計図（ＤＮＡ）を手に入れて肉体を得ます。

そのとき、その肉体に「新しい意識」が生まれるように設定されています。

それは心神《たましい》でも、痛みの記憶でもない、ニュートラルな意識。

∮

新しい体を得たことで生まれる新しい意識が、今世のあなたとも言えます。

その意識は「覚醒する」という目覚め方をするように設定されているので、無意識状態で生きるだけでは目覚めることができません。

【地上の理　その七】
第三の目の正体

新しい意識体は「第三の目」と呼ばれる。第三の目が目覚めるために必要なのは、自分の人生を生きているのが痛みの記憶であり、自分ではないと気づくことであり、それを経験することだ。

第三の目というと、サイキック能力のようなものを想像するかもしれませんが、そうではなく、自分の中にある真実を静かに見つけることができる意識のことです。それが目と呼ぶ理由です。

∮

第三の目が目覚めるために必要なのは、心神《たましい》と痛みの記憶という二つの存在が自分の中にあるのだという叡智と、それはどちらが欠けても自分ではないと知ることです。例えば、自分とは別の個性を持つ人を意識することで「自分」という存在があると認識できます。また自分がいなければ、他者を認識することができません。外側に向かって開かれている私たちの目は、痛みの記憶の目。他者と自分を見ることができますが、自分の内側を見る（内観する）ことはできません。

それができるのが第三の目。

静かに自分を観察できる目がない間は、自分が何者かを知ることがなく、ただただ負の感情や思考に囚われて生きることになります。


愛のない自分、負の感情や思考にのまれている自分を、静かに見ることができ、気づいているときは、第三の目が開いているときです。

ほとんどの人は第三の目を体験しています。

ただ、無自覚だったり、何を見ているのかがわからなかったりするので、すぐに閉じてしまいます。その目で見た「愛のない自分」を、ただ体験しているということを自覚できれば、継続可能になります。

これを第三の目の目覚めと呼びます。


この概念は、思考ではできません。

なぜなら、思考は痛みの記憶の領分なので、それ以外のことは理解できないからです。

本書でお伝えする様々な概念の変化と実践によって、体験するしか方法がありません。

ですが安心してください。

目覚めは頭の良し悪しや理解力、個人の能力など、あまり関係のないものです。

必要なのは、ただ素直に受け取って、根気よくやり続けるという生き方の変化です。

もちろんそれも、自分でやらなくていい方法をお伝えしていくので、本当に楽チンに成長していけます。

【地上の理　その八】
地上は痛みの記憶の世界

地上の世界は痛みの記憶の世界、恐れの世界であり、純粋な愛というのは外側に存在しない世界である。

地上に楽園を求めても難しい理由はここにあります。

第三の目が目覚めて、自分が三位一体の存在なのだと気づいて生きることができない限り、私たちは常に不安と不満の中で、理想を追い求めて生きることになります。

それはそうデザインされているから悪いことではないのですが、自分を見失った人が集合するとどうなるかを考えてみてください。

∮

人々はお互いに自分に対する無条件の愛がほしいと、条件をつけて求め、何かにつけて不安に苛まれ、自分に自信がなく、常に足りないものばかりの世界。

自分が豊かに生きるために足りないものを奪い合うようになり、自分の利権が何より大事です。その結果として、意図せずとも他者を蔑《ないがし》ろにしたり、人の居場所を奪ったりするようになる攻撃的な世界になってしまうのです。

そしてそんな世界だからこそ、愛と聖なるものが尊いものとなり、さらに求め続けるようになります。

私たちが愛とはこういうものだと求めるものは、世界中の人が覚醒しない限り肉体の外には存在しないものです。
地上は愛を感じることができない世界が溢れているし、またそれがこの世の摂理なのだということ。

決して人が人を愛することがないと言っているのではありません。
人と人の間の愛情は分かち合うためにあるものですが、宇宙の目的である愛を増やすための方法ではないということです。

【地上の理　その九】

才能と開花

能力に差があるように感じるのは、それぞれの心神《たましい》が持って生まれた「痛みの記憶」の差であり、生まれた目的である愛の種を開花させることに、なんら差別はない。

世の中には「天は二物を与えず」を軽く超えるような、たくさんの才能を持った人がいます。

また逆に、何をしても失敗ばかりで何事も続けられず、なんのために生まれたのかわからないと嘆いてしまう人もいます。

∮

誇れるものなど何一つなかった私は「平等なんて嘘ばっかり」と思ったものですが、そんな人としての得手不得手や、身体的な能力の有無は、悟りと言われるような精神的な成長、第三の目の目覚めとは関係がないものだと知りました。

人生という名の川の流れの中で、自分らしく生きる、つまり三位一体としての自分を受け入れること、第三の目が目覚めることに、容姿や知的能力、身体的能力や努力で得たものなどは関係ありません。

またやりがいのある仕事や使命に目覚めることも、第三の目を開き本来の人生を生きることとは関係ありません。

【地上の理　その十】
愛と恐れの橋渡し

内なる神である心神《たましい》とのコンタクトは、第三の目が目覚めたときに可能となる。第三の目は、心神《たましい》と痛みの記憶の橋渡しであり、愛を拡大するための人生の要である。

∮

内なる神とのコンタクトは、あらゆるスピリチュアリストの目標であり、夢なのではないかと思います。目標であり夢でもあるが故に、様々な手法が試され、コンタクトを取れるという人を尊敬したり、憧れたりするものです。

そうした心神《たましい》とのコンタクトは可能だとしても、自己の第三の目という、静かな意識が目覚めることという条件がついています。

第三の目はとてもスピリチュアルな意識体で、苦しんでいる自分と一線を引く意識です。心神《たましい》（愛）と痛みの記憶（愛ではないもの）の間に立ち、生まれた目的である愛を拡大する役目を持ちます。

目覚めが重要であるというのは、世界の平和とか自分の幸福といったものを超える、生まれた目的を達成するための宇宙の悲願だからです。

【地上の理　その十二】
愛ではないものが愛へと変わる奇跡

第三の目が目覚めると初めて、自分の中にある痛みの記憶と心神《たましい》の存在を受け入れることができるようになる。

そのとき初めて恐れを受け入れるという体験ができるようになる。

それこそが、愛ではないものが愛へと変わる瞬間である。

第三の目が初めて見る自分の痛みの記憶（エゴ）は、多分「愛のない言動をしている自分」であると思います。欠点というよりも、基本的な部分での意地の悪さだったり、自分のことしか考えていないような自分だったりするかもしれません。

そんな自分が見えるようになることで、やっと自分を受け入れる準備ができ、心神《たましい》と共に生きることで、愛への体験ができるようになります。

この体験があることで、私たちは「淡々と生きる」という境地へと誘われます。

【地上の理　その十二】

目覚まし時計の設定

生まれた目的を受け入れない限り、人は常に「何かが違う」「何かが足りない」「こんなはずじゃなかった」と感じるように設定されている。

それは目覚まし時計が設定されているからである。

∮

「何のために生まれたきたのだろう」

人生において、早い遅いの違いはあれども、誰でも思うことがあると思います。

また、何かを手に入れても一時的な満足でしかなく、またすぐ「このままじゃだめだ」と思ったりするかもしれません。

こうした理由のない、漠然とした「何かを忘れているような不安感」や、「何かが足りないという欠乏感」「このままじゃまずいという渇望感」が起きるのは、目覚まし時計のようなもので、生まれたときから設定されているものです。

やりがいや生きがいを探してしまうのも、満たされたいと思うからであり、それもまた目覚まし時計のベルが鳴っている状態だと言えます。

そろそろ、自分を見つめる時間ですよ、というベルの音。

自分の中にある痛みの記憶を見ることです。

どうやって見るか、そのヒントになるあれこれを、これから様々な方向からお伝えしていきます。

心神《たましい》の法則

私たちは無条件に愛されているのか？

「あなたは無条件に愛されてる」

ある日、そんな言葉が聞こえてきました。

それはとても心に染み渡る響きでした。


その響きは身体全体を包み込み、私はしばらくの間、静かな安らぎに満たされていました。

ふと我にかえった時「いったい、誰に愛されているんだろう」という思いが湧いてきました。

この響きの主は神様と言われる存在なのだろうか。
神が私を無条件に愛しているのだろうか。

信仰心のない私には「神様」はちょっと怖くて、そしてまじめに受け取ることが難しい存在でした。
そもそも、そんなに愛してくれているのであれば、私は惨めな人生になっていないだろうし、今まで助けられたという覚えもありません。

人生で初めて、心から神様に祈ったのは高校受験でした。
結果は不合格でした。合格して喜ぶ幼馴染や友人知人から逃げるように小さくなって小走りでその場を去りました。とても惨めだったのを覚えています。

その後も、恋愛や結婚生活などあらゆるところで神に祈ってみたけれど、幸せな人生になるどころか、離婚を繰り返し、人間関係はうまくいかず、ブラック企業でのハードワークで身体はボロボロになり、その上でリストラされて、借金が増え続け、子供の不登校や持病など、幾つもの問題がいつも私を痛めつけ続け、孤独と不安に押しつぶされそうな夜、死ぬに死ねない自分から逃げるためにお酒に溺れるようになりました。

最終的には心身ともにボロボロになり、四十歳手前で、今まで作り上げた人生の全てが壊れてしまいました。

この世に神仏がいるのなら。
なぜ助けてくれないのだろうか。
なぜこんなに悲惨なことばかりが私に起こるのだろうか。
私は生きる価値もないのだろうか。
何度も何度も、そう問いかけていました。

何度も神を恨み、そして私の中では存在しないものになりました。

十年以上かけて、やっとなんとか立ち直った私にとって、今更「あなたを愛している」と言われても、嘘にしか聞こえません。

それでも、その声はいつも心の中から溢れてきて、さまざまなことを教えてくれました。

そしてわかったことがあります。

神様とか愛というものを受け入れるには、足りないものがあるということです。

それらを真剣に受け止めるための土台が不足していました。

その土台とは「私はこれから考え方を180度転換するのだ」という認識と決意のことです。

純粋に愛するためには、古い考え方を手放すことが必要です。

私たちは神の一部である、ということや、神に愛されているという言葉は決して嘘や偽りではないのだけれど、それを理解するだけの「ゆとり」と「叡智」が不足しているんだと気づけるようになりました。

自分一人で生まれて生きているのだと思い込んだ私たちは、内側に神、心神《たましい》があるのだということを忘れてしまいました。

当然人生を生きていくために、心神《たましい》に相談できるのだということも忘れて生きています。

心神《たましい》と共に生きなければ、私たちの人生はヒステリックで暴力的なものになってしまいます。心神《たましい》を知らなければ、叡智を持つこともできません。

今、私は愛で溢れているなんていうフリをするつもりはありませんが、ただ一つだけ明確なことがあります。

心神《たましい》と寄り添って生きることができる時は、人生がうまく展開していくけれど、そうできないときは、にっちもさっちも行かなくなるということです。

心神《たましい》は一人ひとりの生命力であり、神秘的な命の一雫です。心神《たましい》無くして生きている人は一人もいません。

つまり、内側の神がいない人など一人もいないということです。

私たちは、自分の命、生命力に無条件に愛されているということを、古い価値観を捨てて受け入れてみると、奇跡の道を歩き始めたことになります。

私たちの問題

私たち人類の問題は、人々がお互いに絆を感じていないということです。

夫婦、子供、親という家族関係でさえ本当の絆を感じていません。

私たち現代人は、周りの世界や自然、そして本当の自分からも離れて孤立してしまっています。その結果として私たちの中にあるのは、孤独と人生の無意味さ、空虚感です。そしてその不幸から逃れようと、あらゆる仕事や遊びに加え、余分な苦しみまで作り出してきました。

私たちはいつの間にか、自分自身なのに、他人のように自分を感じてしまうようになりました。

自分が何者なのかということに気づくことができれば、そしてそうであるように生きることができれば、自分の中のネガティブな思いを発見することさえも、最高のストレス管理になり、あらゆる問題の解消へと繋がります。

全ては、自分が何者なのかという叡智を知ることから始まります。

もし、あなたが自分の外見や性格を批判しているのであれば、当然あなたは他人に対して同じことをしてしまいます。

どんなに努力して、愛であろうとしても、です。

プロセスについて

真理というのは、複数の階からなる建物のようなものです。1階から見える景色と、94階から見える景色は違うように、同じ真理でも真理の深遠の違いがあります。

この本を読み進める中で、心神《たましい》と共に生きる選択をするようになると、その違いが人生に顕著に現れます。

例えば「私たちは自由である」と言われたとします。ある階層では、「自分のやりたいことをやっていいのだ」と受け取って、自分がやりたいことややりがいを探します。それも一つの真理ですが、心神《たましい》の存在を受け入れた別の階層では、「運命は決まっているのだから結果として何をしても、行き着く場所は同じなのだ」という行動や欲求ではない別次元の自由を感じていたりします。

どの階が正解だ、とか、すごいのだという話をしているのではありません。

心神《たましい》と共に生きるときになってわかる「自由」もあるということです。

これは比較するためにお伝えしているのではなく、「それはすでに知っている」と思っていることであっても、実はまだまだ深遠なる真理の隅っこを知っただけだと思う謙虚さがあると、次の階へととても早く誘われることがあるとお伝えしたいのです。

自分を思い出す「ゼロの教え」

マハーバキャス52章（ヒンドゥー教）に、「ゼロの教え」があります。


『あなたの思考は、あなたの思考ではない。

あなたの身体は、あなたの身体ではない。

あなたのマインド（意識）は、あなたのマインド（意識）ではない。

あなたがあなただと思っている自己は、概念である。』

では、私とは誰なのか、そんな問いが出てきます。この「ゼロの教え」は苦しんでいるときに、とても役に立ちます。なぜ役に立つのかその理由がわかってくると世界が変わります。ぜひ覚えていてください。

認識の変化

フットプリント（足跡）というお話をご存じでしょうか。

ある男性が夢の中で、神様と二人砂浜を歩いているところから始まります。

彼が後ろを振り返ると、所々足跡が一人分のところがありました。それは人生で一番苦しいときの足跡でした。

彼は神様に

「一番苦しいときの足跡は私のものしかありません。どうしてあなたは苦しんでいる私を見捨てたのですか？」

と聞きます。

神様は答えました。

「あなたを見捨てたことは一度もない。あの足跡は、動けなくなったあなたを背負って歩いた、私の足跡だよ」と。

これは、私の人生が変わるきっかけになった話です。

神様というのは、転ばないように苦しまないようにしてくれるのではなく、無自覚のサポーターなのか……、と目から鱗が落ちたのです。

この「目から鱗が落ちる体験」を、認識（受け取り方）が変わると言います。

「これからどうやって生きていったらいいか」と悩むとき、目に見える変化や解決方法を探しますが、必要なのは目先の解決策だけではなく、**「目から鱗が落ちるような認識の変化」**。心神《たましい》というもう一つの自分に生きる道を示してもらおうと、考えてみることです。

自分にはできないことを認め、心神《たましい》にやってもらうという、新しい生き方をしてみようと決めることから始まります。

四つの変化

心神《たましい》の法則によって起こる変化は四つあります。

まずは「自分を変えよう、成長させなくてはならない」、という自己変革が必要なくなるということ。

そして物事の捉え方が変わってしまうこと。大嫌いだった人のことが良い意味でどうでもよくなったり、恨んでいたのにすっかり忘れていたりと、人生がいつの間にか軽やかに楽になってくるということが起きます。

さらに、多くの苦しみの原因である「葛藤」がなくなっていきます。

ああでもない、こうでもないという内側の戦いを、自然と受け流せるようになってしまいます。

最後は、ヨロイが脱げてしまうこと。

それは刷り込まれた「理想の人間」になろうとしなくてもよくなり、自分はゴミ箱のようなもので、醜いものだらけなのだと素直に笑いながら受け入れるようになってしまいます。

この変化は「なってしまう」というのがポイントです。

気がついたら、そう「なってしまっている」という現実が起きるので、あなたは本当に〝頑張らない〟という経験をしていくことになります。

人生で辛酸をなめてきた私にとって、愛を体験するとか、魂を磨くとか、愛を増やすとか、そんなことが苦しい人生の理由であるなら、生まれたことを本気で後悔するレベルだし、なんの慰めにもなりませんでした。

また、「ただ生きて死ぬため」「あなたはいない」という禅的な教えや、非二元的な教えに至っては、まったく理解できず頭から煙が出そうです。

私たちがこの世に生きている限り、どうやらこの答えはわからないようになっているのだというのが、実は一番しっくりくるのです。

それ以外の答えは、何を言われても「苦しむことを受け入れる理由にならない」というのが本音でしょうか。

生まれた理由はオセロゲームで愛を増やすため

さて、心神《たましい》から教えられた「この世に生まれた理由」は、やはり「愛を増やすため」というものでした。

ただ、「愛の増やし方」と「苦しみをどう受け取るか」が定説とは全く違いました。

愛というのは、大いなる命であり、全ての源のことです。

この大いなる命を拡大する、つまり新しい愛を増やすことが、私たちの生まれた理由です。

大事な情報は、この増やす命の種は地球規模ではなく、宇宙規模の種であるということです。この違いはとても大きなものになります。

シンプルに違いを説明するなら「情ではない」ということでしょうか。

私たちが生まれる理由は愛を増やすためです。その方法は、愛ではないものを愛へと変えて増やしていく方法だというのです。


オセロゲームのように、黒を白に裏返して、白を増やす。

これが愛の増やし方です。

この世には愛ではないものが溢れています。自分の中にも愛とかけ離れた思いがたくさん湧いてきます。

それらはあなたがひっくり返す愛の種です。

愛ではないものは、愛に変容するための役目がちゃんとあるということなのです。

宇宙の法則

宇宙には一つの法則があります。

それは「拡大、成長する」というものです。

拡大成長を終えたとき、全ての生物は子孫を残し、消滅していきます。

これは宇宙を作るエネルギーも同じで、ビッグバンから始まった宇宙も、スピリチュアルでは宇宙そのものが生命を作り出していると、言われます。その源が神や愛と呼ばれたり、大いなる何かと呼ばれたりしています。


神の源の成長は、愛を増すこと。

その一雫を「心神《たましい》」と呼びます。

前世の正体

愛はリラックスして信頼することが基本の存在だとすれば、愛ではない存在とは、常に怯えてなんでも疑い、自分を守るために戦々恐々とした状態の存在です。

この恐れの存在を「人間の痛みの記憶」(宇宙の理　その三と四) と呼びます。

痛みの記憶は、地上で生まれ、地上に残った、負の記憶の思考や感情で「考え方の集合体」「思考の流れ」「思考パターン」として定義しています。

愛の場所に行けない痛みの記憶は、星をぐるっと囲むオゾン層と同じような形をしていて、地球の磁場から離れられません。

そこは、想念帯と呼ばれています。


人は死ぬと、肉体は物質的に地上で朽ち果てます。

肉体を離れた人智を超えた命（心神《たましい》）は、神の源へと戻ります。

同時に未消化の無念や他者に対して残した念は、痛みの記憶となります。


愛の場所である神の源へ行けない、愛ではない痛みの記憶は、地球の磁場から離れられません。

痛みの記憶は想念帯と呼ばれる場所に集まりますが、そこは地球をぐるっと囲むオゾン層のような形をしていて、地球の周りを覆っていると言われます。


話が脇道にそれますが、想念帯へも上がれないほど重い想念も実はあります。

特に上がれないのは怨みの念です。人を呪わば穴二つということわざがありますが、想念帯へも上がれなくなった怨みの念は、生の記憶を持ったままこの世を彷徨い、どこへも行き場のない無情の世界に残ります。

これらの地上で彷徨っている重い想念が、様々な問題を引き起こしていることにも注意しなくてはなりませんが、それはまた別の話なので、どこかでまたお伝えしようと思います。


話を戻しましょう。

想念帯には、過去数千年分のあらゆる負の想念がたまっています。

痛みの記憶が昇華されることで「愛の種」としての役目を全うし、命の源へと還り、宇宙の拡大を果たします。また地上では、未消化の思いも作り続けられるので、想念帯は一定の負の念の量がグルグルと回る、つまり地球で輪廻しています。

ところがここ数百年の間、地球の想念帯が膨れ上がって、限界が近い状態になりました。これが最近よく言われる「時間がない」という意味です。

想念帯が限界を超えるとどうなるかまでは、私には伝えられませんでしたが、輪廻の輪が崩れることでもあるので、地上で生きる人間にとっていい状態ではないのだろうなとは想像がつきます。

そうならないために開示された「心神《たましい》の法則」を使って、安心して人生を進めていくことが大事かなと今は思うのです。

まずは伝えられたことを少しずつでも受け取って、そこから始まる本当の人生へと意識を向けてもらえればと思います。

本当の自分

自分の気持ちがわからない。
本当の自分がわからない。

人生に迷い苦しんでいた時の私は、

「ああだ、こうだと、葛藤する思考があるからダメなんだ」

「人を羨ましがる心根がよくないんだ」

と、自分の中にあるものを否定し苦しんでいました。心のブロックやブレーキを外したり、または受け入れるという排除方法をも学びました。

受け入れるというのも、負の思考や感情をなくすのが目的ですから、実は排除と同じですが、そのことにも気づかず、一生懸命自分を許し、自分を愛そうと努力していました。


結果として「本当の自分」は見つかりませんでした。

これらの手法は、一時的には楽になったけれども、どれも終わりが見えませんでした。人と比べて羨むのも、自分をダメだと思ってしまうのも、そんな自分を受け入れよう、ダメな自分を愛そうと努力しても終わりが見えない。

やってもやっても先が見えないのです。

そして、できない自分をさらに「自分が理解できないから」「結局何をやっても私はダメなんじゃないか」と追い込むようになりました。

真実には、リラックスする（心が平安になる）という結果がついてきます。
その意味で言えば、これらの手法は私には平安とは程遠い結果、真実ではない結果となったのです。

そんな私にとてもリラックスできる真実がもたらされました。

「あなたは三つの存在でできている」という三位一体の法則です。

その三つとは、
一、常に恐れを基本にした痛みの記憶であるあなた。
二、生命を維持し、人生をコントロールしている心神《たましい》のあなた。
三、その二つの自分に気づいている第三の目である本当のあなた。

この世を生きづらくしているのは、常に恐れを基本にしている自分だけであり、あとの二つはとてもリラックした世界で生きているというのです。

「三人の私」だと混乱するので、

恐れを基本にしたあなたを「わたし」

生命のあなたを「心神《たましい》」

その二つに気づいたあなたを「第三の目」と呼び、区別していきます。

それでは、それぞれの自己の役目とその存在意義を、簡略ではありますがお話しします。

心神《たましい》　生命としての「わたし」

インドで修行していたとき、

「自動的に動いている肉体は本当にあなたのものか」

という講話を聞きました。そんな風に考えたことがなかった私は目から鱗が落ちました。

本当にそうですよね。肉体、身体機能の全ては、私が動かしているものではありません。それどころか、血液がどうやってできるのか、食べたものをどうやって消化しているのか、自分の内臓がどこにどのようにあるのかさえ知りません。

改めて見ると、身体って私じゃないんだなと思います。

また、生まれたばかりの頃、記憶がない状態のときでも体は自動的に動き、大きく成長していきます。

自分でも理解できていない生命力、命があなたの一つの側面です。

決して他の人でも、外側の神様でもない、自分自身です。

生命としてのあなたは魂とも呼ばれるものですが、ここではもう少し古の名詞である「心神《たましい》」と呼びます。

心神《たましい》のあなたは、今これを読んでいるあなたではありません。またよく言われる「本当の自分」でもなく、さらに言えば「己を磨くために生まれた輪廻している」ものでもありません。

私たちの生命、命である心神《たましい》は、命の源と繋がっている核です。
内なる「神」ですから、人格は持ちませんし、悟る必要も、成長する必要も、罪を償う必要もないので、経験を重ねたり、贖罪したりするための輪廻もしません。

昔「あなたは神なんですよ」と言われても、まったく理解できませんでしたが、内なる神というのが命であり、私がこの世で生きるための命を操作しているのがその存在なのだと知った今は、素直に「そうね、その通りね」と、大きく頷けるようになりました。

そして大切なのは、心神《たましい》が私の核であり、思考している私はその一部なのだと実感できたことです。

肉体のこと、記憶もないような幼子のときに成長してきたこと。
ぜひ一度、この事実とじっくりと向かい合ってみることをお勧めします。

それはあなたが初めて「自分の核である内なる神」と向き合う瞬間になることでしょう。

心神《たましい》の役目は、辛い苦しいと感じている、恐れ中心の意識を許すこと。

不安と疑心暗鬼でいっぱいの意識を愛へと還すことであって、エゴの願いを叶えたりすることではありません。

愛ではないものを愛へと還すことが心神《たましい》の役目です。

愛の種として生きる「わたし」

一般的にエゴや自我と呼ばれる意識が普段意識している「わたし」です。

ネガティブの代表であり、人生に悪影響を及ぼすものと認識されてきました。

幸せに生きるためには、エゴをコントロールする方法を学んだり、ブロックとして解放する方法を学んだり、もっとダイレクトにエゴをなくすためのなんちゃらかんちゃらとか、本当にたくさんの手法が教えられています。

ところが、どんな手法でどんなに頑張っても、自分の欲望やネガティブな思考というのはなくならないし、止められません。
だからこそ、今この瞬間もありとあらゆる手法が生まれては消えています。

その理由は、エゴが「あなた自身」だからというシンプルな事実があるからです。

いらない「エゴ」という嫌なもの、悪いもののせいで、自分は素直になれず幸せを掴めないのだという解釈によって、本当の自分になれず幸せにもなれないという考え方が、そもそも間違っているとしたら、どうでしょう?

エゴこそが、この世を「わたし」として生きている基本人格です。
エゴをなんとかしようとするのは、自分自身を消そう、自分自身を矯正しよう、自分がブロックなんだ、と言っているようなもの。
「エゴは悪しきものである」と一生懸命になればなるほど、自己否定をさらに強化するだけになってしまい、より病んでいくのは当然ではないかということです。

とはいえ、やはりエゴというのは、ネガティブで辛い思考であることに変わりはありません。

「わたし」たちが自他ともに愛せず、怯えて生きることしかできないエゴというのは、一体何でしょうか。

私たちが「わたし」と認識しているエゴと言われる意識体は、過去の人間が残した残留想念です。過去生があるという世界観の中で、その多くは「個人的な輪廻転生」を指していて、自分という人間が何度も生まれ変わっていることになっています。

つまり「魂」という存在が今生きている自分で、魂が成長するために輪廻しているという解釈自体を、心神《たましい》の法則ではしません。

輪廻しているのは、この世に未練を残した痛みの記憶です。

さらに痛みの記憶は生命を持たない想念なので、個人的な輪廻をすることはありません。

しかし、やはり輪廻はしています。

輪廻している恐れを基本としている痛みの記憶の「わたし」は、地上で生きた過去の誰かの負の記憶です。負の記憶というのは、辛く苦しい記憶、恨み辛み、許せない思いなどをしたネガティブな記憶の総称です。

日本の怪談で出てくる「恨んでやる、七代先まで祟ってやる」という言葉を残して死んだ人の思いは、この世で昇華できなかった負の記憶となります。

受け入れられないほどの辛い経験によって生まれた、行き場のない辛くてやりきれない念、それを人間の痛みの記憶と呼びます。

こうした痛みの記憶は、「愛ではないもの」として何千年も地上で生まれ続けました。

「愛ではないもの」が生まれる理由は、「愛へと還るため」です。

覚醒した人たちが「天国」や「極楽」と表現したのは、辛く苦しい思いが浄化され、昇華されていく素晴らしさを感じたからではないかと思います。

だからこそ、私たちは覚醒することに焦がれるのかもしれません。「わたし」という辛い記憶が昇華され、幸せを感じるのを本能でわかっているからだと思います。

とはいえ、愛ではないものが愛へと還る難しさは年々増しています。それができるようになった人を「悟った人」と呼び、特別視したりします。愛を増やすという解釈の違いによって、その困難さがさらに極まっていたりする状態では、愛ではない自分という存在を認めることは、一筋縄ではいきません。

心神《たましい》の法則によって、愛ではないものを愛へと還す方法を知ることはできますが、それは今までのような「幸せな状態」ではないかもしれません。

それでもやはり「幸せ」だなと思えるようになります。

おかしなことを言っているようですが、「幸せ」の価値観の違いがあるからなので、きっと実践する中で理解してもらえると思います。

その幸せとは、言葉にするなら、まるで母の胸の中で安眠するかのような安らぎを得て、人生を送ることが可能になるという感じでしょうか。


そのために、まずはあなたの中のエゴ、痛みの記憶である「わたし」という存在が、自分自身なのだと受け入れてみようと思うところから始めてみてください。


そんなアホなと批判したり否定したり、嫌がるのは構いません。

その批判や否定や嫌悪感こそ、痛みの記憶の特性だからです。

ああ、これか……と思うだけ、認識するだけで大きな一歩になり、これから始まる生き方の要になってくるでしょう。

「第三の目」としての「わたし」

近年、顕著に目や耳に入る言葉に「目覚めなさい」というのがあります。

スピリチュアルに興味がなくても、なんとなく見たり聞いたりしたことがある人も多いのではないでしょうか。

この目覚めという教えも象徴的すぎて、「何が目覚めるのか」がよくわからないものの一つです。

目覚める必要があるのは、もう一人のあなたである「冷静に自分を見る第三の目」なのです。

スピリチュアルで第三の目というと、オカルト的に見えないものを見る目、例えばオーラとか、幽霊とか三次元的なものではないものを見ることができる目、という解釈が多いですが、本来のその役目は「自分を見つめる目」のことです。

自分、つまり「痛みの記憶」を見つけ、ジャッジせず己の心神《たましい》へ報告するというのが、第三の目の役目であり仕事です。

心神《たましい》は人間的な存在ではないので、この地上では表に出てくることはありません。

とはいえあなたの中心、いわば核であり、どこに生まれどんな風に生きるか、誰と出会うかなどの大まかな道筋（運命とも言います）を画く存在です。

同時に、宇宙の大いなる何かと言われる源と同じエネルギーであり、私たちがそこへと繋がることができる唯一の道です。

痛みの記憶は、過去の辛かった思いや許せない思いを抱えているので、育っていく段階でそれらが自動的に目覚め、いつしか「これがわたし」と思うようになっていきます。

それはそういう役目だから正常な成長だと言えます。

痛みの記憶がその役目を果たすのに不可欠であり大事なのが、傷ついた「わたし」を見つける「第三の目」の存在です。

この第三の目というのは本来、人として成長していく段階で目覚めるように設定されていたようですが、古今の痛みの記憶の増大と、それを上回る重苦しい地場想念の増大により、第三の目が目覚めることは至難の業になってしまいました。

目覚める前提で作られている私たちだからこそ、明けることのできない朝の中で「本当の自分」を探さないといられなくなり、何か足らない、何か違うという違和感や口渇感が起きて、自分探し云々が始まる人が溢れかえり、生きづらさの極みとなりつつあります。

もう十五年以上前ですが、第三の目を目覚めさせるという外国の方のセミナーを受けたことがあります。

そのセミナーは、簡単に言えばサイキック能力が開花し、体外離脱ができるようになるというもので、今振り返れば相当怪しいよなと思えるのだけれど、当時の私はお金や時間をかけてでも、どうしても欲しかったものでした。

それほどまでに目覚めたかったのです。きっと。

目覚めれば、悟れば幸せになると言われた時代。

本来の自分を見失ったまま、彷徨っていた頃のことです。

ここでお伝えしている第三の目はサイキック能力ではありません。体外離脱もできないし、エスパーのように人の心がわかったり、誰かを癒やしたりすることもできません。もしできたとしたら、それは「おまけ」のようなものだと思ってください。

第三の目は、人智を超えたエスパー能力のことではなく、痛みの記憶に振り回され、幸せを求めて求めて求めて苦しんでいる「わたし」を見つけ、見つめる目のこと。

苦しんでいる「わたし」と、永遠の安らぎである「心神《たましい》」とを結びつけるという大役を持っているのが第三の目です。

第三の目が目覚めない限り、苦しみしか感じることができない、痛みの記憶で生きるしかないということに「なって」いるのです。

私たちの人生がどうなるかは、この「第三の目」が目覚めるかどうかが最大の鍵となると言われるのはこんな理由があったからです。

心神《たましい》と痛みの記憶そして第三の目である「自分」

∮

この三つが揃って、私たちは出来ています。

その仕組みを、信じることは難しいかもしれませんが、すぐに信じなくても大丈夫です。

「もし、そうだとしたら」と少しでもいいので受けとってもらえると、次に進める準備ができます。

幸せよりも大事なことがあるとしたら

不幸が過ぎて、深刻な人生になってしまっていたとき、私は常に「もうここにいたくない！」と、思っていました。

どこにいても、どんなときでも、「ここには自分の居場所がない」「こんなところで一生を終えるなんて嫌だ」と思っていたのです。

常に「今、ここ」から逃げることばかり考えていました。

不幸な人生から深刻な人生となるまでの道は、必ず小さな逃避から始まります。

幼い頃、親に叱られるたび「私には本当の親がいるはず」と思っていました。顔は、笑ってしまうほど親とそっくりなのに。

ヤサグレた思春期には、私を本当に理解してくれる温かい家庭が欲しい、わかってくれる誰かが欲しいと願っていました。とにかく不平不満があると、ここでは幸せになれないと決めつけた思考をしていたのが、今振り返るとわかります。

それでも、その頃はただの不平不満だったのですが、「これが私の人生なのか？」

と本当にゾッとしたのは、もう少し後、十七歳で結婚したときでした。


毎朝五時に起きて夫の弁当を作る。

毎日毎日、同じ場所を掃除して、同じスーパーに買い物に行き、同じ時間に洗濯をして干して、畳んでタンスにいれる。

お腹の中には子供がいて、もう逃げるところがない。

同級生は皆、女子高生で人生を謳歌しているのに、私はここで同じことを繰り返す生活、姑に色々言われても我慢して、ご飯を作って、お風呂に入って寝て。そしてまた明日は朝五時起き。

逃げられない、繰り返すしかない。

これが、私が望んだ私の居場所、そして結婚生活なのか……。

十七歳の私には心からゾッとする現実でした。


大変な思いをしているのは「私だけ」だと感じていたので、常に不機嫌で、イライラしながら、台所が使いづらい、炊飯器が古いから嫌だ、ベッドがもっと寝やすかったら起きるのも楽なんじゃないの？　目覚まし時計の音が気に入らない！　と些細なことまで嫌になり、当時の私はこれが永遠に続く地獄のように感じたのです。

あるときは両親から、あるときは夫から、あるときは職場から、あるときはお金から、そしてあるときは病気がちな体から「これは私の望んだ状態ではない」と、常に「今」に苦しんでいました。

さらに問題だったこと。それは、夫が替わっても（二度離婚）、家を変えても（六回の引っ越し）、仕事を変えても、友達が替わっても、私はずっと、私のままだったということです。

「こんなはずじゃなかった」
「こんな人生、私が望んだものじゃない」
「もっとやる気に満ちた素晴らしい生き方があるんじゃないか」
そう思い続けていました。

悪いのは私じゃない。

環境が状況が悪いんだ、運が、相手が、資格がないから、病弱だから、タイミングが、時間が……。幸せになるのに必要なものが、私には足らない。

だから悪いのは私じゃない。


何が変わっても、私は、この思考のままの私でした。

狂った思考のままの私は、結果として大切なものを傷つけ、やがては、全て失うことになりました。その中には大切な子供や孫まで含まれます。


失って初めて自分を顧みることになりました。

幸せになろうとし続けてきたことが、普通の幸せを欲しいと頑張ってきたことが、自分の人生に何を招いたのかを思い知りました。

この狂った思考は、「痛みの記憶」の「わたし」の思考です。
それは「わたし」がなんとか豊かになろうと、一人ぼっちで不安の中一生懸命、諦めずに生きてきた証拠でもあります。
その結果として、一人ぼっちで生きていると思っている「わたし」は、外側でも一人ぼっちで人生を生きることになり、歪んでイジけた恐怖はより強固になっていきました。

第三の目といわれるもう一人の自分が目覚めるまで、つまり「わたしは一人ぼっちではなかったんだ」という叡智に触れるまで、私たちの人生はもれなく、無数のやらなくてはならない「用事」によって忙殺され、やるべきことをやるだけで終わってしまう、ただ忙しくて、酷くつまらない人生になっています。

それは職場や学校への通勤通学、人間関係の維持、勉強やパソコン作業に顧客対応、クレーム処理など、やりたくないことはもとより、仕事終わりの買い物や、家庭での生活維持のための雑用、子供がいればさらに子育て、そして自分を労ることまで、豊かな生活を維持するための日常なども全て、いつの間にか「やるべきこと」として分類されます。

人生のほとんどを「やらなくてはならないこと」で過ごす。考えただけで、本当にゾッとする人生です。

そこで生まれたのが「やりたいことをしよう」というものでした。痛みの記憶の狂った思考でガチガチに固まった「わたしたち」にとって、それは喉から手が出るほど欲しいものです。

ですが、痛みの記憶だけで生きている限り「やりたいこと」だったものが、いつの間にか「やるべきこと」に変わっていくだけ。

先ほどの私と同じように、表面的に変化させても結果としてうまくいかなくなります。

忘れがちなことですが、日常のやるべき無数の用事は、快適に生きるために必要なもので、とても大切なことでもあります。快適な生活というのは、人生を快適にするということであり、豊さに直結していることです。

それを「やりたくないこと」として排除するような手法は、結果として自分を苦しめるだけとなります。

「わたしはわたしの幸せのために、やりたいことだけしよう！」

「ワクワクしていれば、それでいい。あなたもそうしたらいいんだから」

と、自分の生活の面倒な部分ややりたくないと感じるのをやめてしまう、または人任せにしてしまうのは、あまりに暴力的な解決方法です。

世の中にはそれができる人もいますが、そうした人には必ずサポートしてくれる人がそばにいます。

そうしたサポートをする人が、それこそが生きがいなのだというなら双方ウィンウィンの関係でいいかと思いますが、痛みの記憶で「これはやりたくない」「もっと自分が好きに生きていきたい」という精神状態のままで行う「ワクワク手法」は、実際どこかでお互いが我慢したり、罪悪感を抱えていたりするものです。

私たちは本来の道から逸れると軌道修正されるように作られているので、人生の中でいろんなブレーキがかかることがありますが、それを「成長を邪魔する声なのだ」と思わせる解釈をしてしまうのが、痛みの記憶のずる賢いところです。

一人旅や一人起業など、何かを一人で行ってみたことがある人なら経験したことがあると思いますが、やりたいことの裏には必ず、やりたくなくて逃げたはずの「やらなくてはならないこと」が隠れています。

私が整体師として独立したのは、低学歴でどんなに成果を挙げようとも上がらない給料と立場に嫌気が差したことと、「誰かに指示される仕事はもう嫌だ」という、集団行動や指示体系から逃げるためでした。独立すれば、自分が納得できる収入ややりがいのある日々が手に入ると信じていたからです。

ところが蓋を開けてみれば、開業するためのお金問題から、開業届から始まる経理と事務仕事、そして何よりお客様を獲得するための「販売促進」という、まるで分からないことだらけ、不安と不満だらけの日々だったのです。

この「やるべきこと」があるのは、この世のルールの一つです。

自分の幸せのため、人生の美味しい部分だけを取るというのは、この世の摂理から外れる方法であり、どこかが歪んでどこかに圧力がかかります。

やりたいことだけやりたい、という夢は「傷ついたわたし」が幸せを求めているだけに過ぎないわけで、それでは周りの人の笑顔や、共感、そして本来の役目を全うしたときに得られる本当の意味の幸福感が遠のいてしまう。

そうならない方法があるというのは、まず嘘です。

ではどうするか。

ワクワクと好きなことだけして生きていきたいと望む時ほど、今の自分はとても我慢を強いられ、辛い状態なのだということを、ちゃんと受け止めてみてください。

まずは「自分が何をしているか」を、ちくいち認識してみること。

くだらない、もっと早く結果が欲しい、と思うかもしれませんが、それこそが「罠」だと思っていいです。


このシンプルな「自分が何をしているかを見る」という叡智をぜひやってみてください。


よく「自分で在る」ということが大事だと言われます。

自分で在るようにと言われたとき、「今の私は本当の私ではないから言われたのだな」と受け取りましたが、全く違うことでした。

それは今に集中するとか、今以外を考えないで夢中になるというような、精神修行のようなことではありません。

自分で在るというのは、ただ自分が今何をしているかを認識するということです。

日々の小さな「行動」を「今これをしているんだな」と認識すること。

これが第三の目が目覚める訓練になります。


どんなことをしていても、思っていても全てあなたです。

運転している、テレビを見ている、本を読んでいる、人と話をしている、洗い物をしている。

日々の小さなアクションに気づきながらやってみる。


あなたが目覚めるために、修行も苦しみも必要ありません。

「自分が何をしているか、を認識する。そして知ること」

まずはここからです。

∮

「こんなことやりたくない。本当は嫌なんだとネガティブなことを思いながら行動すると、それが嫌悪感を生み、人生を否定するので成功しません」という説が、成功の法則の中にあります。

自分らしく生きるための法則は、成功する世界とは違います。

こんなこと本当はやりたくない！　と思っているのは、自分の中の「痛みの記憶」である「わたし」です。痛みの記憶である「わたし」は、全てを否定し、不平不満を見つける天才ですから当然の反応なので、そう思って当然です。

そう思っていて「いい」のです。

そんな当然の反応である「わたしの思い」を否定しても、永遠に解決されません。

否定から変化は起きません。

痛みの記憶の自分を、少し距離をとって第三の目で見えたとき、感情や思考を超えた何かが起きることがあります。

その何かを「奇跡」と呼んだり、「救い」と呼んだり「偶然」と呼んだり、ラッキーと呼んだりしますが、とにかく自分の予想を遥かに超えたことが起こります。

何が起きるかはそれぞれ違うので、こういう奇跡が起きます！　と一概に言えないのですが、一番多く起きるシンプルな変化は「嫌だ嫌だ、もう本当うざい！」と呪文のように聞こえていた頭の中の独り言が、知らないうちに終わっている、という感覚がわかりやすいでしょうか。

「ああだ、こうだ」という不平不満の独り言しかなかった頭の中に、第三の目の「ん？」という別の視点が入ることができれば、次のステップが簡単にできるようになります。

本当の自分を受け入れる

まずは自分の感情や思考の方向、癖を第三の目で見てみる。
その次のステップとは

「わたしの人生をコントロールしようとするのをやめる」ことです。
このステップは目から鱗が落ちるレベルの意識の変革です。

ここまでの流れに乗ることが容易になると、狂った思考と歪んだ選択のうえの悲しい結果を引き受けなくてもよくなります。

あなたは、あなたの人生を取り戻せます。

∮

「あなたの人生をとても難しく、そして苦しくしているのは、自分の全てを受け入れていないからです」
という言葉を聞いたことがあると思います。
私は本当にこの手のスピリチュアルな話が苦手で、受け入れるどころではなく、聞かなかったことにするほどです。そんな私のように拒絶反応がある人や、逆に努力しても今までできなかった人、安心してください。

真理にはあらゆる階層があり、低い階層での解釈では実践しづらいものです。言葉の解釈もそれと同じで、いろんなレベルでの理解があり、入り口付近の解釈では本質にはなかなか体現できないようになっていると思ってください。

そもそも、自分を受け入れようとしている意識が「否定しかできない痛みの記憶のわたし」なので、できるはずがないのです。

また、受け入れる手法を学んだとしても、気分や状態で、できるときとできないときがあったりします。がんばってたとしても、時間が経つといつの間にかまた自分を否定したり、自分の欠点を直そうとしたりしてしまいます。

自分を受け入れようとして、結果受け入れられない自分がいる、それをまた自分がダメなんだと否定して、受け入れられる自分になろうとし始める。

冷静に考えると、とても矛盾したループにハマっているのがわかります。

そして、大切な事なのですが、それはとても正常だということです。青にしか見えないサングラスの向こうの世界は青にしか見えないように、否定しかできない意識だから、否定するのは正常なのです。

あらゆる物事から自分を守らなくてはならない痛みの記憶「わたし」が求めるのは、人に評価される自分です。ダメな自分や惨めな自分、評価されない自分を受け入れるなんて、死ぬほど怖いことなのです。ひどい自分を受け入れるなんてとんでもないことなのです。

痛みの記憶の本質を全く無視した解釈で、「自分の全てを受け入れること」を頑張るのはもうやめていいです。というか、やめてください。目覚めない状態のまま、受け入れようとすればするほど、間違いなく自分を嫌いになります。

自分を受け入れるというのは、未熟な自分が未熟な自分を受け入れることではなく、自分という人間の中に「わたし以外」の存在がいるのだということを受け入れることです。

∮

自分の中に、完全な心神《たましい》という存在がいること。

痛みの記憶という未熟な「わたし」がいること。

このことを受け入れることが、本当の自分を受け入れるということです。


それをわかったときの感覚。

それが「第三の目」の目覚めの感覚です。

そのとき初めて、心から安心感を抱くでしょう。

目覚めた人、今を生きることのできる人が安らぎの世界を感じるというのは、このことです。

第三の目が目覚めるまで、つまり自分を全て受け入れるまでは、どんなに頑張っても、どんなに静かに自分を見つめたとしても「痛みの記憶のわたし」以外は存在していません。

「わたし」が悟ったフリ、静けさがあるフリをしているだけです。

謙虚にこの事実を受け入れてみてください。受け入れるのが難しいときは、「ふーん？　そうなんだ……」とうっかり受け入れてみてほしいのです。

そこから奇跡が始まります。

うっかり素直になってみると、意外と簡単に「私には、わたし以外の自分がいるんだ」いう事実を自然と受け取れます。

自分を全て受け入れるというのは、あまり考えないほうがうまくいきます。

醜い自分を受け入れようとするより、もっと簡単だと思います。

真実ってすごくシンプルなのですが、言葉が伝言ゲームのように変化していって、いつの間にか解釈がいく通りもできてしまって、混乱が生じている場合が多々あります。

自分の本質をあるがままに受け入れると、さらに深い世界へと誘われます。

面白いことですが、自己認識（自分を知る）というのは、「わたし以外」の自分がいるのだと認めることであり、そのわたし以外の自分は、思考や感情によって左右されるものではないということです。

ひとまず、今の状況を「そうなんだ」と受け入れることで、内側に少しだけ「わたし」以外のスペースが生まれるようになります。これは感覚でだんだんわかってきます。その感覚が「平和」「安らぎ」と呼ばれる静けさのスペースで、そのスペースにいるのが第三の目の自分です。

これも理屈でできることではなく、やってみないとわからないものです。

そして考えるよりも簡単なことだと、きっとわかると思います。


こうした話をすると、痛みの記憶の「わたし」がなくなってしまうと思うかもしれませんが、そんなことはありません。第三の目が目覚めても幸せを求めるし、欲がなくなったり、怒りがなくなったりするようなことはありません。

もっと大切なことは、目覚めたからといって、思い通りの良いことしかない人生になることもないということです。


なぜなら、私たちの外側にある世界は、「痛みの記憶の世界」だからです。

外側に起きる表面的な部分では、痛みの記憶だけの人々が生きています。

この世界の中心は痛みの記憶であるからこそ、人生が終わるまで、今までと同じ感覚が「わたし」として生き続けます。


晴れた日は気持ちよく幸せで、雨が降ると気持ちが沈んだり、宝くじや抽選に当たればすごいハッピーで、お金がなくなると不安になる。パートナーができてこの世がバラ色になったかと思えば、裏切られて不幸のどん底になったりするかもしれません。大切な人を亡くしたり、新しい命に出会い、喜びに溢れたり。

こうした様々な出来事があなたの外側で起き続け、それによって「わたし」が感じる幸福や不幸せな感覚を、変わらず抱き続けます。

ただこうした感覚も、目覚めた後は今までとは違って、そこまで深刻ではなくなります。

今までは自分を認めず、何か他のものを探して満足しようとしてきただけだったのです。自分自身を忘れてしまい、いつも何か足らない（自分が足らない）状態で生きてきました。自分が欠けている、これが苦しみの元になっていたのです。

目覚めが起こると、このことを深く理解するようになり、そこに平安が見えるようになります。

あなたの内側には、外側の影響で動揺して揺れている「わたし」以外に、揺れることのない心神《たましい》があると知り、共に生きることができるようになると人生は大きく変わります。

自分が何者なのかという叡智を受け入れたときに、目覚めが起こり、変化がはじまります。

∮

誤解されがちですが、第三の目が覚めたからといって「これが第三の目なのね」と自覚することはできません。

逆に「今わたしは目覚めている」という感覚があるとしたら、それは痛みの記憶の勘違いであり、目覚めが起きていないということになります。

例えば、朝起きたとき、「わたし」は今目が覚めて活動し始めたなんて思いませんよね？　朝起きたとき、起きたことにフォーカスすることなく、「今何時だ。今日は何を着ていこう、天気はどうだろう」という外側に意識が自然と向いています。

理屈としては、第三の目もそれと同じ。

「わたし」という痛みの記憶の、揺れる感情や思考を一緒に感じながらも、静観しつつ内側の心神《たましい》の存在を意識できているとき、第三の目が開いているということになります。

どんな体験も過ぎ去っていくと知っている目。

このリアルな三次元の世界では、どんなものも永遠の価値を自分に与えてはくれません。言われてみれば当たり前、そんなシンプルな真実から目を逸らして、あれさえあれば、これさえ持っていればと言い続けるわたしがいて、それは過去の苦かった愛を知らない記憶を持って生まれた、私の本能であり一部なのだ。

この真実を受け入れたとき、自分自身の本来の姿を認めることは、驚くほど簡単になります。

本来のあなたの姿、つまり自分は三つの存在でできているということを理解した後も、私たちはたくさんの人に出会い、様々な経験をし、地上で日々の活動をしながら人生を生きることになります。

何も知らなかったときとは違い、痛みの記憶の「わたし」だけが、一人で頑張って生き抜かなくてはならないという強迫観念も怯えもない、一人ではないと知っている安らぎがあります。

痛みの記憶が「どうしても欲しい！」と渇望してきた欲求を握りしめなくなっていきます。

自分を満足させるために他者や状況、場所や出来事、地位や名誉やお金に至るまでを手に入れたいという思いは、ただ通り過ぎていくものになります。

全てに執着する必要がない世界を生きるようになります。

幸せにならないと幸せになれない、という意味不明の願望に対する焦りも渇望も、ただ、目の前を過ぎていく風のようになります。

「わたし」たちは不完全です。

自分の人生はもとより、自分の身体すらコントロールできません。

それは太陽が東から出てくるような当たり前のことなのに、自分自身については受け入れられない。なぜなら痛みの記憶が一人ぼっちで生きているからです。

自分をそのまま受け入れることができるのは、第三の目が目覚めないと無理なのです。

私たちは幸せな状態に執着するあまり、相手に無理難題を求めていることがあります。それはもう、義務であるかのように、当たり前のように、相手に求めて当然の権利のように無意識で要求しています。

そんな他者を見下すような自分に気づけるようになり、さらにそんな自分を否定するのではなく、「あたしバカだねー」と笑えるようになっていきます。

そうなれば、相手に心からお詫びができるようになるのです、自然と。

この過程で、逆に満足いく現場に変化していく奇跡が起きるのと同時に、信じられないほど穏やかで、より平和な世界が目の前に広がっていきます。

これが幸せより大切な平安の正体です。

人生の波に乗る、逆らわない極意

「自分の中に、〝痛みの記憶〟という負の記憶、愛ではないものと、〝心神《たましい》〟という己の命と人生をコントロールしている愛の存在がいることを、受け入れること」

これが、自分を受け入れるということだとお伝えしてきました。

あなたが「わたし」だと思っているのは、痛みの記憶の部分だけです。

自分の命と人生をコントロールしているのは、「わたし」ではないのです。

自分を受け入れるというのは、この事実と正面から向き合うということでもあります。自分が何者なのかが腹落ちすると、「目の前に起きていることに逆らうのをやめる」ということが初めてできるようになります。

これが人生の川の流れに乗るということです。

流れのまま人生を生きるとか、受け入れて生きると楽だよと言われます。

この言葉も、やはり伝言ゲームのように変容してきました。

そしてやはり、真理の階層によって解釈も違っています。


大切なことなので、何度も書きますが、私たちはこの地上で生きている限り、つまり死ぬまで常に「痛みの記憶のわたし」で生きていきます。

第三の目が目覚めたからといって、人格がころっと変わることはありません。


痛みの記憶の「わたし」は、この肉体を「自分でコントロールしている」と勘違いしてきました。だからこそ当然のように、この体は「わたし」のものだと、人生の主導権を握っています。

それこそが、痛みの記憶の仕事だから、まずはそれでいいのです。


この世の表に立つのは、第三の目の仕事ではありません。

この世界を生きるのは、負の感情で恐れを持って生きる「わたし」だから。

∮

地上で生きる私たちは、過去の残留想念が再び肉体を得て生まれた存在だと言っても過言ではありません。

この存在は、常に疑心暗鬼で心を閉ざして、何も信じません。

そうやって、自らの身を守ることを経験してきたからです。

このような愛を知らない意識を「安らぎのある愛の世界」へと導こうというのだから、大変なチャレンジが地上で起こっていることに間違いありません。

第三の目の役目は、その辛く苦しいと感じている痛みの記憶「わたし」を、自分の中で意識的に見つめることであり、この世を生きるのは、あくまで「わたし」の役目となります。

この辺りが理解しづらいのですが、自転車に乗る練習と同じで、実際に転びながらでもやってみると、どんどんコツがわかってくるようになりますので、諦めずにチャレンジし続けてください。

∮

人生の川の流れに乗るというのは、自分を受け入れることで自動的に起こることの一つだというお話をしました。

「わたし」が頑張ってできるようになることではありません。どちらかといえば、「わたし」が頑張れば頑張るほど、痛みの記憶優位になってしまうので難しくなってしまいます。

ただ、やはり受け入れようとするのは「わたし」なので、少しだけ「わたし」がわかりやすいように、たとえ話をしてみます。

あなたが大きな川で、大きな浮き輪の中にゆったりと入って、どんぶらこどんぶらこと流れている様子を想像してみてください。

川の両側には、とても美しい景色が広がっていて、キョロキョロと好奇心に溢れた目で、移り変わっていく景色を楽しんでいました。

すると突然、足先にピリッとした痛みを感じました。どうやら、尖った石に触ったようです。そのときから足を体に引き寄せ、まだ底にあるかもしれない石に怯えながら、もう痛みが来ないようにと景色を見るのも忘れて、川の中ばかり覗くようになりました。

しばらくして、下ばかり見ていたあなたは、今度は体ごと大きな岩にぶつかりました。

初めての衝撃と痛みで体が硬直するほどでした。あまりにびっくりしたのと恐怖で、その岩にしがみついたあなたは、もう川の流れに乗るのはやめようと思い、ひたすら岩にしがみつくことにしました。

流れにさえ乗らなければ、足を引っ掻くことも、岩にぶつかって痛い思いをすることもないと思ったからです。

美しい景色の中を流れていく大きな川の中で、大きな浮き輪でおぼれることはないのにもかかわらず、自分が痛い思いをしたことを繰り返したくないと思いました。流れに乗らないように、自分がぶつかって痛い思いをした岩にしがみつき、周りを見ることもできず、流されないように必死にしがみついているのです。

これが、人生の流れに逆らうということです。

よく考えると、もったいない生き方だと思いませんか？

必死に掴んでいる岩というのは、昔されて嫌だったことや、怖かった思い出です。今世のあなたが実際に感じたものもありますが、痛みの記憶として「死にたくない」「怖い」「苦しい」といった過去の記憶が原因で、岩を作り出している場合も多々あります。

そもそも、川に入った（生まれた）のは自分の意志ではありません。気がついたら川の中にいた（人生が始まっていた）のではありませんか？

自動的に始まっていた人生に対して、私たちができることは何もありません。流れているのを「流されている」と怯え、どうにか岸に上がろうとしても、流れることしかできないのです。岸に上がるのは無理なのに、頑張ればできると勘違いしてしまっているのです。

川の流れを自由にすることができる方法、なんていうのが実際にあったら、そんなの詐欺だよってわかりますよね。ところが、心の中のことだとそんなおかしな理屈が通ってしまうのです。

痛みの記憶の世界では、「心神《たましい》」なんていうのはおとぎ話の中の話としか思えませんし、またそれも当然です。

実際にこの世を生きているのは、恐れによって生まれた「わたし」の役目。

自分が何者なのかを知るまでは、恐れに囚われ、それ以外選ぶ道がないのです。

第三の目が開いたとき、こうした「実は変なこと」がちゃんとわかるようになります。

気がついたら、ゆったりとした川の流れの中から、ゆっくりと過ぎ去っていく世界を愛でる自分になっていることに、きっと驚くでしょう。

愛とはなんなのか

この地上においての愛は「批判がないこと、そして理解すること」と言えます。

人を愛するというのは、その人の全てが欲しい！ と思うことではなく、その人を批判せず理解しようとする姿です。

自分を愛するというのは、同じように自分を批判せず、自分を理解しようとすることです。

この「しようとすること」という所がキモです。

そうしようと意識を向けること、そうであろうと自分を省みること。

「しようとすること」がすでに愛の姿です。批判しないようになった時、愛ある自分になった、理解できたら愛を体現した自分になった、ということではないということです。


恋愛と愛は別物だと理解すると、わかりやすくなるかも知れません。

恋愛とは盲目な状態。そして、皆さんご存じのように、とても自分勝手な意識状態です。相手をわかろうとするよりも、自分をわかって欲しいと思うし、相手の思いや存在を独占したいと願うもの。

相手を呪縛し、相手をコントロールし、その全てが自分のものになることを願うのが恋愛と言われるものだと知ると、やはり愛とは違うものだと理解できます。

∮

様々な人との関係や、自分が置かれた状況の中で、私たちは批判されたり、批判したりし続けています。

そこから派生する拒絶、侮辱、裏切り、不正行為、見捨てられる恐怖という内側の恐れから、いじめ、虐待、戦争に至るまでの外側での地獄のような現実が起こります。
そんな辛い人生を経験をして、苦しみを味わって人生を終えた過去の人々の無念な記憶が、痛みの記憶であり、私たちはその記憶を持って生まれてきています。

これは私たちはそうなっている、そう作られているという人智を超えたものです。
そしてさらに言えば、今生きている「わたし」が自分でなんとかできる範囲を超えているのが「批判されたくない、人を批判したい」という思いですから、意志の力や努力でなんとかそれを抑えよう、なくそうとすること自体が不可能なことです。

こうしたカラクリがわかるまで、自分が何者なのかを受け入れるまで、素直で純粋な頑張り屋さんほど自分を責めます。
そう、素直で純粋な頑張り屋さんほど、辛い人生になるため、真理を求めるようになっています。

余談ですが、スピリチュアルの概念の中に、素直さや純粋さを失わないことは、高次元の存在に愛され、導かれるというものがあります。
古の宗教の多くも、人生を豊かにするには素直さや純粋さが必要だと説いています。素直さが必要だというのにはいろんな解釈がありますが、ここでお伝えするのは、高次元に愛され導かれ人生が豊かになるためではなく、純粋で素直な人ほど人生を変えようとするシンプルな事実があるためです。

スピリチュアルを学ぶ人の多くは、本当に純粋で頑張り屋さんです。
だから、ちょっと引いて見れば「ん？」と思うようなことであっても、一度信じてしまうと疑うこともなくなり、突き進んでしまう人がたくさんいます。

先ほども少しお伝えしましたが、頑張り屋さんほど自分を責めるので、より助けを求め、正解を求め、自分を認められるような人間になろうと努力します。
そこに付け入る危険な教えもあるので、心から注意喚起をしたいと思います。

話を戻します。

自分の性格の問題、受け取り方の問題なのだと頑張って努力して、人や出来事を批判しない自分になるようにしても、痛みの記憶の「わたし」が自動的に批判し始めますので、これはもう、自分でどうこうできるようなことではありません。

まずはこの事実を受け取ってください。

そうしないと、人を批判したり、自分と違う価値観や世界を受け入れられなかったりするのは、自分自身の器が小さいからだとか、修行が足りないからだと、どんどん自分を責め続ける世界から抜けられません。

自分はダメなのだと思うほどさらに罪悪感が生まれ、その刃は自分自身に向き、自分を批判否定するという地獄のような人生を送ってしまいます。

痛みの記憶はそもそも、そのような負の感情を持った意識です。

その意識が私たちの一部であり、否定してしまうダメな自分だというのをなくそうとすることは、自分ではなくなろうとすることであり、それはどんなに頑張っても不可能なこと。

悔しいけどそうなんだと受け入れてみると、不思議なことに、自動的に次のステージが始まります。

∮

「負の感情を持ったままでは幸せになれない」と、自分で自分をコントロールしようとすればするほど、負の連鎖が起き続けます。

今の自分は痛みの記憶だけで生きているのだ、自分の中に、実は苦しみを感じている「わたし」以外の自分がいるのだ、と新しい認識をしてみてください。

まずは批判している頭の中の独り言に気づくこと。

「それは確かに自分の声だし、自分の感情だけれど、私そのもの（三位一体）ではない」と、きちんと線を引く練習をすることです。

この練習こそが、第三の目の活性化に他なりません。

ここを飛ばして、目覚めは起きません。ぜひ活性化の練習を続けてください。とても地味ですけれど、間違いのない最短コースです。

許し

「人を許すこと」は、本当に難しいです。

道徳、宗教、社会生活などで、許すことの大切さを説いていますが、実際に許すことは、とても難しいです。

「人を許すことは自分を許すことですよ」なんて、スピリチュアル系の人に笑顔の仮面を貼り付けたような顔で言われたときには、思いっきり引いたものです。

元来ヤンキー気質なので「は？　あなた気持ち悪いよ？」と口に出してしまい、相手を傷つけてしまったこともあります。

なんとか救われたくて、清く正しい心を持ちたくて学んでいるのに、それができない私。そしてまた自分をダメだと否定し、自分が許せなくなるんです。

当時の私は天邪鬼《あまのじゃく》でもあり、本当に堂々巡りでした。

それから、私自身も成長し、たくさんの方の人生に寄り添い、悩みをお聞きしてきましたが、そこでわかったのは、これは私だけの問題ではないという事実でした。

私たちは、「許し」の意味を間違えて捉えていたのです。

許しとは、自分が辛い目に遭ったときの、憤りや復讐などの否定的な感情を乗り越えることだと解釈されています。

相手の罪を許すというのはそういう意味ですから、許せない相手を許すのは自分が何かしら〝我慢〟をして乗り越えなくてはならないもの、もっと言えば我慢をする問は未熟であり、自分を許すために相手を許すのだという、ちょっと訳がわからないレベルのものまであります。

こうした許しは私にとっては不可能なものですが、心神《たましい》の法則を学ぶことで「許しの本質」が理解できるようになり、また実行できるようになりました。

それは、「視点を変えることで勝手に起きる心の変化」というものです。

私たちが絶対に許せないという相手に出会うとき、強烈な怒りや恨みなどのキツい嫌な感情を持ち続けます。

そしてなんとしても、相手が悪いと弾糾したい、なんとか思い知らせたい、ギャフンと言わせたいと思うのです。が、経験上わかるのは、そんなことをどれだけしても、残念ながらこちらが思うようなレベルで相手が反省したり変わったりすることは期待できないという事実です。

痛みの記憶の「わたし」が納得するような未来はやってきません。自分が納得できる結果が欲しいと望めば望むほど、なぜか厄介な方向に向かったりして、自分の中にある怒りや許せない思いは石のように固まって、さらに自分を苦しめてしまうのです。

許せない人に対して、痛みの記憶の「わたし」がする言動は、相手をさらに意固地にして、素直に謝る機会を奪い、ますます悪循環にさせるだけです。

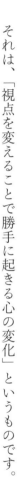

どんなに正しい行いをしろと言っても、その人が言うことを聞いてくれるのはとても低い確率ですし、たとえ心からの謝罪があったとしても自分の傷ついた心や内側にある怒りと憤りの炎が消えるとは限りません。

ここまで読んでもし「本当だ……」と感じていたら、次のステージへ進む準備ができている証拠です。

大丈夫、許せない人を許すより簡単なので、安心してください。

どう頑張っても許せない人というのは、自分の許せる能力の限界を軽く超えている人ということです。つまり、自分の許しの限界を教えてくれた人、とも言えますよね。だからといって、感謝しなくてもいいです。そんな気持ちの悪いことは全くしなくて大丈夫ですから。

ただ事実として、その人は自分の限界を示した、という現実を受け入れること。

これが大きな一歩になります。

「わたしには、この人（状況や出来事）を許せるなんてキャパはありません」という事実を認めてしまう事は、「相手をゆるそうとする事」よりも、簡単です。

私たちができるのは、自分の限界を知ることです。

それは、「自分には許せないことが沢山ある」と自覚することであり、「それに囚われるのは、痛みの記憶のわたしなのだ」と自覚することです。

痛みの記憶の思考と感情に囚われたままだと、心から望む癒やしや幸せな未来はやってこないという事実と同時に、自分の心が岩のような塊を抱えてしまうという事実を、淡々と受け止めてみて欲しいのです。

相手を許すとか、自分を許すとか考えなくてもいいのです。

そこは私たちの仕事ではありません。

ただ、許せない思い、どうしようもない怒りや憤りで辛くなった時こそ、その思いは自分の限界を超えたものなのだと自覚して、それに囚われるのはもうやめたい、と願うこと。

その思いを全部、心神《たましい》へと明け渡してしまう。

これが、私たちができる仕事であり、役目です。


私がよくやるパターンですが一つご紹介してみます。

とにかく自分の許せない思いを言葉にして、自分の心神《たましい》へと全部預けてしまう感覚でやっています。


「『なんなのあの人信じられん!! 本当常識ないって。まじでひどいわ。あの人、頭おかしいんじゃない? 一生許さん!

私の許せる限界を超えたわ、あの人』

ってことで、私は許せないので、まずは許せない私を許してください。

そして、あの許せない人をあなたが許してください。私には絶対無理です。

そして、もうこの出来事から解放してください。

あなたがあの人を許して、許せない私も許して、そしてこの感情と思考から解放してください」

こんな感じです。

よく「言葉が出てきません」とか「なんて言えばいいのかわかりません」とご相談を受けますが、実際のところは内側での独り言なので、上品な祈りの言葉にできなくても、まったく問題ありません。

心神《たましい》は空の上からあなたを見守る神ではなく、あなた自身です。だから「あなた」のことは、「あなた」より理解しています。

私たちにできる大事なことは、自分の感情や思考に気がついて言葉にすること。

それこそができることであり、仕事だからです。

どんな言葉でもいいのです。ただ自分自身の内側にある感情や思考と向き合ってみないと、ぴったりとする言葉って出てこないと思うので、とにかくなんでもいいのでやってみてください。

私の独り言（許しの祈り）の後のことも少し書いておきます。

かなり許せない相手だったので、なかなか怒りがおさまることはなかったのですが、次の日には思い出すこともほぼなくなりました。そんなこと……と思うかもしれませんが、思い出さなければ、感情も出てきません。

もちろん思い出せば同時に怒りが湧いてきてムカムカしますが、また何かしら、心神《たましい》へと独り言で会話していると、痛みの記憶の「わたし」がどんどんと薄れていって、日常のことに目と意識が向くようになります。

私たちにできるのは、自分の正しさを表現し、清く正しい世界を作ることではありません。

相手の間違いを指摘したり、嫌いな相手が存在することすら許せないと思ったりすることは、当然のことです。ただ、それに縛られている限り、一生許せない相手に振り回されることになります。

許せない相手にとって一番嫌なことは「忘れられること」だと思ってください。
あなたが許せない相手をギャフンと言わせることがもしあるなら、相手の事などすっかり忘れて自分が平安だと思える日々を生きることなのだと思ってください。

自分が幸せだと思う世界は、自分の中にしかありません。

どんな独り言（祈り）でも構いません。
あなた自身の言葉が、あなたの癒やしを生みます。
あなたの生の言葉だけが、あなたの中の心神《たましい》へと届くのです。

はじめに言葉あり。

それは私たちの思考であり、またそれを許すのも言葉であるという叡智です。

心神《たましい》との繋がり

心神《たましい》とは、自分自身であり、あなたという人間の核です。

心神《たましい》が内なる神と言われるのは、私たちがコントロールできない生命と運命を司っているからです。


「わたしたち」は本当に、どこまでいっても神とはかけ離れた世界の住人です。

この「わたしたち」というのは、愛ではない痛みの記憶。

当然愛である神とはかけ離れているわけですが、愛ではない存在はダメな存在、幸せになれない、豊かさを手に入れることができない、悪いことだと受け取ってしまうようになりました。幸せや豊かさを手に入れるための修行をしたり、神に助けを求めたりするのが主流ですが、なかなかうまくいきません。

なぜなら、私たちが変えようとしている「ダメな自分」自体が悪いことではなく、ただそうデザインされているだけであり、またそれも自分なのだという解釈が抜けてしまっているからです。

∮

スピリチュアルには、「私たちは一つ、分離しているというのは幻想なのだ」という ワンネスと呼ばれる世界観があります。

悟れば救われるのだと思っていた私も、随分頑張ってワンネスの世界を体現しようとしてきましたが、これがなかなかの難題でした。

インドでの修行後、何度かワンネス意識を感じることはできましたが、しばらくするとまた元の自分に戻ってしまい、「ああ、やっぱり私は悟りについても中途半端なことしかできないんだ」と自分を責める一因になったこともありました。

心神《たましい》の世界でのワンネスとは、自分の中に神がいると受け入れたときに体現していく世界のことです。

これはよく言われている、自分の外側にいるであろう神様、素晴らしく尊い神に愛されることで世界との一体感を感じ、そこにワンネスが生まれる世界観ではないということです。
この地上世界で、外側の神と一体になるというのはそもそも無理な話なのですが、いつの間にかワンネスというのは、外側の神と一体になった時に感じる奇跡体験なのだとされてきました。神様との繋がりを感じるような体験が必要なのだということを、疑うことなく信じてきました。

幸せになりたくてスピリチュアルを学び始めた私は、神との一体感を感じるような奇跡的な体験がないと悟れない＝幸せになれない＝ダメな人間なのだ、という公式によって、さらに自分をダメ人間だと思い込んできました。
真理とは、心の平安を教えるものです。とすれば、いつまで経っても自分を受容することができない解釈は真理ではないとも言えます。

ワンネスと言われる神との一体化は、本当の自分は何者なのかを知ったとき、自分は一人ではなかったということを受け入れたときに起きるものです。

ワンネスとは、とても「慎ましい状態」によって生まれる心の平安状態のことです。光が降り注ぐ世界で、その温かさと愛の深さに涙する……という奇跡体験を期待しがちですが、そうではありません。もちろん、そうした体験を否定しませんし、素晴らしい体験ではありますが、一時的な体験であり、継続するレベルのものではありません。

奇跡体験は、「目覚め」と直接的な関係はないと言ったほうが正解かもしれません。

一体化の意識は、まず分離しているという事実に気づくことから始めます。

それは、自分は三位一体であるということを知らず、痛みの記憶という一つの意識だけで生きてきたという事実、本当の自分とは何者なのかに気づくということです。

「わたし」が、「神とは尊く畏怖すべき存在であり、自分はその大きな存在に愛されなくてはならない」と思い込んで生きている理由は、自分自身が一人で生まれてきたからだという基礎概念があるからです。

そんなことは絶対にあり得ません。

私たちがこの世に生まれるためには、心神《たましい》がその星で肉体を得るための情報と、生まれる目的である「愛ではない存在」の痛みの記憶を取り込む必要があるわけで、「愛ではない存在」の痛みの記憶だけでこの世に生まれることはできないからです。

分離とは自分を見失うこと。
見失った自分とは「心神《たましい》」のこと。

そのことに気づくことが始まりですから、今これを読んでいる時点で、あなたにはすでに一体化の意識、「自分に戻る」ことの始まりが起きています。
とはいえ、「愛ではないわたし」に、愛の存在である心神《たましい》は見ることも感じることもできません。そんな状態で、どうやって私たちの内側にある魂という愛の存在を認識したらいいのでしょうか。

そのヒントは、世界中様々なところにあります。
日本では「おかげさま」という謙虚さとして伝わっていました。

私たち日本人は何かにつけて「おかげさまで」という言葉を口にする文化を持っています。

「おかげさまで」と言うとき、私たちはいったい誰に感謝しているのでしょうか。

ご先祖様のことでしょうか。神社におられる神様のことでしょうか。

もちろん、そう感じる人もいるかと思います。

私が「おかげさまで」というときのことをしみじみ思ってみると、対象がはっきりしていないというか、なんとなく自分を見守っていてくれるような、とても近い存在のような気がするのです。

おかげ様って「心神《たましい》」に対して言っているようだと思うと〝腑〟におちます。

人との出会いにしても、自分で選んだように見えて実際は、「ご縁」という偶然によって起こっています。

人との出会いを自分で選んだ結果だと思っていると、嫌な思いをするような人に出会うと自分の選択ミスだと自己否定するようになってしまうため、いつもピリピリと緊張し、人を推し量るような目で見てしまうようになります。

自分のさじ加減、自分の一瞬の判断で人生が変わってしまうのだから、こんな恐ろしいことはないですよね。

残念な真実として、どんなに神経質に相手を選んで、どんなに探偵を雇って過去を穿《ほじく》り出して相手を見定めようと、不幸な出会いは避けられなかったりするのです。

人生で出会う人というのは、自分ではコントロールできないのです。

人との出会いは「ご縁」だと受け入れると、内側はとても楽になります。

全てはおかげさまのおかげ。

おかしな日本語ですが、陰から自分の人生をコントロールしているのは、心神《たましい》なのだと、古の日本人はどこかで知っていたのだと確信しています。

痛みの記憶は、心と体の痛みに怯える存在。

人生において常に転ばぬ先の杖を欲しがり、準備しようと努力します。

§

一昔前のバブルと言われた時代。成功するために必要なのは高学歴高収入だと言われ、若者たちの必須アイテムとなっていた頃がありました。

高収入になるためには一流企業に入る必要があり、そのために一流大学に合格する必要があり、それにはとにかく優秀であることが大事で、小中学生は塾通いで夜中まで勉強するという流れができました。

子供にそんな苦労をさせたくないと、いつの間にかエスカレーター式で大学までいける、幼稚園のお受験というものが確立されたのもこの頃からです。

このシステムは「落ちこぼれ」を排出しました。

不良とは、不良品という意味です。

親であれば子供に苦労させたくない、幸せになって欲しいと願うものです。

子供の幸せを願っているのに、優劣をつけて子供を傷つけ、遊ぶ時間もないほど叱りつけて不幸にしています。全ては、いつ来るかわからない幸せのためなのです。


この不自然さに気づけない、または気づいていても止められないのは、人生を自分の努力や計画性によってコントロールできると思っているからです。

それこそが一番大事なことだと思っているからです。

人生をコントロールしようとすればするほど、人は苦しむようにできています。

これは宇宙の摂理ですので、誰のせいでもありません。


人生をコントロールできると思っている現代でも、私たちの日常の中には、まだ「おかげさまで」と言う言葉が残っているのです。

それは私たちの先祖が、「人智を超えた何かが人生を動かしている」と知っていたのだと思います。

これは、日本という国に、精神的に発展した文化があった名残りではないかと思います。


結婚式などで「ご縁をいただいて、結婚させていただく運びとなりました」と言うセリフがありますが、いったい誰が縁を与えてくださったのでしょうか。


自分が探し出したのだと言わず、「ご縁をいただいた」と言う文化。

自分が結婚しますと言うのではなく「させていただく」と言う文化。

人智を超えた何かが言葉のベースにある日本人にとって、心神《たましい》を知るのは実はとても簡単なのです。


あなたが「おかげさまで」というときの、あの感覚を思い出してみてください。

何気なく口に出る「おかげさまで」という言葉、どこに向かって流れているでしょうか。

意識しようと無意識だろうと、自然と自分の一番身近な、見えない存在に向かって感謝しているという事実を感じると思います。


言葉にするということは、自覚するということです。

なんとなく思っていることを自覚するためには言葉が必要です。


「おかげさまで」という文化を残してくれた御先祖様。

その言葉が残った様に、自分の内側にある心神《たましい》を自覚していた文化だと言えるのではないでしょうか。

価値判断を変える方法

「こっちは良くて、あっちは悪い」

「こっちが正義で、あっちに罪がある」

私たちは、自分の価値判断で人を裁きます。

常に自己を正当化するわけですが、それは「怖い思いをしたくない」からであって、悪気があるわけではありません。

私たちの価値判断の根底には「怖い思いや辛い思いをしたくない」という自分を守ろうとする思考があります。

自分を守ろうとするのは悪いことではありません。

私は当然のことだと思います。

ところが、自己正当化は人としての成長や豊さ、幸せを邪魔するよくない思考だという解釈がされ、正当化を止めようとする動きもあります。

これもとてもキツい修行のようになってしまうので、私はお勧めしていません。

私たちにできることは、正当化という自己保身をしているのはいったい誰だろうかと、内側に目を向けることです。

私たちはいろんなことを誤魔化したり、ときには失敗したり間違いを犯したりしています。さらに、人の間違いが許せない、小さな自分が嫌になってしまったりすることもあるでしょう。

生きていると、ちょっと周りを見渡すだけで、許せないと感じる言動をする人はすぐに見つかります。突然大声で怒鳴ったり、嘘をついたり、何かを盗んだり、暴力的で自分さえよければいいという身勝手な人たちです。

正義感が強い人は、そうした人を見過ごすことができず、関わってしまうことでより不愉快な思いをすることもあります。

身勝手な人は迷惑な存在です。

時には本当に許し難い人たちですが、その人たちは本当の自分を知らず、怯えた痛みの記憶だけが生きている状態です。

自分の人生を自分でコントロールしなくちゃならない、自分の責任でなんとか生きていかなくてはならないと思い込んでいる、自分を見失っている人たち。

その姿は、第三の目が目覚めないまま生きている「昨日のわたし」であり、「明日のわたし」の姿でもあります。


とはいえ、その怯えた人たちがしていることの中には、どう考えても許せないこともあるはずです。

「そうか、かわいそうな人たちなんだな」などと、本当は許せないのに棒読みで許そうとしないでください。

それは「許し」ではなく「我慢」です。


許さなくてもいいのです。

我慢せず許す、というのは神業です。

そう、神の業。神にしかできません。

そしてその神とは、あなたの心神《たましい》です。

我慢せず許すのは心神《たましい》の仕事です。

「わたし」で許そうとしない。これはとても大切なことです。

そもそも愛ではない「痛みの記憶のわたしたち」に、神様の仕事なんてできるわけないのです。

それは愛の仕事、つまり心神《たましい》の仕事です。


自分は三位一体の存在なのだということに気づいて受け入れているからこそ、自分が許さなくてもいいことを知り、そして「自分」が許せるのだと知ることができるようになります。


『わたしには許すことなんてできるはずがありません。というか、許したくないです。でも、許せるような自分になりたいとは思います。わたしの代わりに、あなたが許して、そして許せないわたしのことも許してください。わたしは絶対に許すことは無理。この地獄からどうか助けてください』

こんな風に、言葉にして心神《たましい》に報告連絡相談すると、奇跡が起きます。

できれば同時に、「自分もああ（加害者に）なる可能性がたくさんある、だって痛みの記憶は、恐れの波動を共有しているのだから」と謙虚になることです。

痛みの記憶の「あなた」には、愛のない態度しか取れません。

痛みの記憶はそもそも愛ではないという役目があるからです。

耐え難いプレッシャーに潰されそうなとき、寂しさで死んでしまいたいとき、怒りで我を忘れそうなとき、恨みや妬みで気が狂いそうなとき、肉体的な苦痛で我慢できないとき、私たちは誰もが例外なく、迷惑で許し難いことをしてしまう可能性が多大にあります。

この事実を受け入れようとすることです。

自分だけはそんなことをしない、というのは自分が何者かを知らないから言える傲りです。私たちは誰でも、追い詰められたらどうなるかわかりません。

私たちは愛と同時に愛とは真逆な存在も持っているのです。

このことを自覚すると、自分の正義の名の下に一方的に人を裁くのは愛のない行為であり、それこそ迷惑で許し難いことを相手にしているのかもしれない、とわかるようになります。

こうした「わたしも愛のない存在の一つなのだ」と受け入れているときは、第三の目が開いている証拠です。自分を顧みることができるのは、第三の目だけが可能なことであり、それが役目だからです。

「わたしは愛ではないのだ、あの愛のない人たちのやっていることは、人ごとではないのだ」と自覚しているとき、あなたの第三の目が開き「愛ではないものを愛へと変化させている」という、生まれた目的、使命を実行していることになります。

そして、大切なことは、使命を実行しているこの状態のとき、そのことは自覚できないということ。ただ、淡々とそれをしていることだけが進んでいきます。

心神《たましい》から見れば、許し難い人たちは、それぞれが自分を見失い精神的に追い詰められて壊れてしまった、恐怖に怯える人に見えるのでしょう。

そのように見えない限りは、自分も愛ではないのだということが、理解できるようになります。

第三の目が開いて世界を見られるようになると、世界は今までと少し違って見えます。これは自動的に起きるもので、努力や我慢は全く必要がありません。

逆に言えば、努力や我慢をどれだけしても、手に入れられない世界が見えるようになります。

自分が誰かを批判したり
誰かに対してイラついたり
言い訳してたと認識できたとき。
ああ、今の自分は愛じゃない目で世界を見ているな、と思えたときに世界が変わります。

それが第三の目が開いているということだからです。

愛を選択する極意

愛を選択せよと言われると、「優しさで包む」とか「広い心で全てを許し受け入れる」とか、そうしたことだと私は思ってきました。

そしてそんなこと、できませんでした。できない自分をまた責めたものです。

私たちにはできなくて当然です。

「わたし」は愛ではないからです。

私たちはこの地上で、心や体の痛みを恐れてビクビクと生きている、愛のない意識を、主として生まれています。

そんな私たちが自分に「ないもの」を出そうとしても、苦しいだけです。

もし愛で生きると決めたとしても、嘘の自分で生きる時間が長くなるだけですし、愛で生きようと頑張るほど本当の自分を見失い、虚偽の世界から出られなくなっていきます。

愛を選択するというのは、自分の感情や思考を、知識を使って理想の愛のほう、より道徳的なほうへ寄せるように努力することではありません。

「自分の心神《たましい》を選択する」ということです。

私たちは、愛と愛ではないものが混ざり合ってできています。

私たちの中の愛とは、心神《たましい》。

愛ではない「恐れを生きるわたし」が愛を出そうとしてはいけません。

愛である心神《たましい》に共に生きて欲しいと願い委ねるだけで、愛を選択することになります。

痛みの記憶の「わたし」は、自分を否定する人を許せません。

そんな人にはより頑固に抵抗し続けるようになるだけです。


許せない感情や抵抗する思考をし続けている「わたし」を見つけると(気がつくと)、世界がガラッと変わります。

「わたし」が頑張って世界を変えたのではありません。

「わたし」から「第三の目」に変わったから、外側の世界が変わったのです。

これを次元の変化と言います。

∮

痛みの記憶の「わたし」は認識を変えることはできません。

「わたし」は常に、恐れから思考し、損得で選択するようにできています。

それ以外の方法を知らないからこそ「記憶」と呼ばれるのです。

私たちの仕事は〝どうもモヤモヤする、抜けられない感情や思考でキツい、わたしは悪くないのに〟という憤りがあるなど、自分が辛い苦しいと感じていると気づけたときに始まります。

その気づきによって、第三の目が自動的に目覚めます。

そしてやっと、「苦しむわたし」に代わって見る世界を変えてくれるように頼むことが可能になります。

例えば、パートナーの浮気が発覚したとしましょう。

頭が真っ白になるほどパニックになったり、目の前が真っ暗になるほどショックを受けたりします。その後、体が震えるほどの怒りや憤りを感じるかもしれません。

その怒りや憤りを相手にぶつけずにはいられないほど、傷ついてしまいます。

さて、その怒りと憤りを全部ぶつけたところで、本当にすっきりするでしょうか？

相手は自分の思い通りに詫びて変わってくれるでしょうか？

何よりも、自分の傷は癒えるでしょうか？

私の経験ですが、当時のパートナーは変わらないどころか、狂ったように怒る私が嫌になって、相手の女性のほうへ行ってしまいました。

心からの謝罪も、私が一番大事なんだという愛の言葉も、何も手に入らず、ただ傷ついた心と、今までそこにあった大切な家庭が壊れてしまいました。

私の友人の一人は、浮気の代償として彼に土下座して謝らせ、高級なバッグを要求したと笑っていました。が、その後も高級なバッグは二個三個と増え続け、最近は高価なアクセサリーになったと、げっそりとして冷めた顔になっていました。

彼女が本当に欲しかったのは、彼の土下座や、バッグ、アクセサリーではなかったからです。

残念な話ですが、こうしたことはよく聞く話で、全くひどいものだと思います。が、どんなに相手が間違っているとぶつけても、自分がどれほど傷ついたのかを訴えても、相手がこちらの欲しいものをくれるということは、とても少ないというのが事実です。欲しいものが物なら、もしかしたらお詫びにもらえるかもしれませんが……。

ちなみに「相手を変えてください」と神に頼んでも、あまり見込みはありません。

「相手が間違っている、わたしは傷ついた！　ひどい！」と糾弾したい気持ちはものすごくわかります。が、その感情は「愛（心神《たましい》）ではない」ものです。

愛ではないものなので、その感情を相手にぶつけても、相手からは愛は返ってきません。

傷つき惨めな私たちに、怒りをぶつける以外に何ができるか。

「愛（心神《たましい》）を求めること」。

これが私たちにできることです。

同じ「痛みの記憶」相手に「愛」を求めても、返ってきません。

「愛を持っていない人」が「愛を持っていない人」に愛を求めるという、ややこしくて悲しい現実をグルグルするだけです。

私たちが欲しいものは、我慢したり傷ついたりすることのない、心の平安がある状況のはず。

そのことに同意できたら、まずは少しだけ深呼吸してみてください。

そして次に、心神《たましい》に向かって

「この状況を別の目で見ることができるように」と依頼してください。

心をかき乱されている辛い今の状況から、少しでも心の平和が欲しいと頼ってほしいのです。

パートナーや浮気相手に対する怒りや憤り、そして断罪させたい、ギャフンと言わせたい気持ちに、思考と感情を集中するのをやめてみてください。

そして、少しだけ自分の中の心神《たましい》「愛の部分」へと意識を向けてみてください。

ここは頑張るところです。

今までとは違う意識状態を望むのだから、ちょっとだけ頑張ってください。


これだけで、穴が開いたような心の痛みが少しだけ和らぎます。

本当に不思議なくらい、少し和らぐのです。

これが愛を選ぶことであり、神業です。

痛みの記憶の「わたし」は多分、

「そんなこと嘘だ！　彼がちゃんと心から謝り、相手と別れてわたしの元に戻ってくるまで、心の安らぎなんて絶対にない！」と言い出します。

間違いなく、言い出します。

愛のない世界に生きる「わたし」にとって、この世は傷つき傷つけられる世界です。

自分を守るために、相手からの詫びと愛される保証が必要だから、そう言い出すのは当たり前です。


「愛される保証も相手のお詫びも必要ないのに、安らぎを感じる世界がある」なんて、信じられないからです。

§

痛みの記憶の「わたし」が自分を守ろうとするのは本能です。

これは生き物として当然ある危機管理能力なのですが、この反応によって価値判断が始まり、怒りや憤りの感情が生まれ、なぜか自分が生きづらくなっていきます。

この一連の流れは痛みの記憶だけで生きている限り、自己防衛として起ることで、生まれた感情がどんな形であっても自動的なものです。

スピリチュアルを学ぶ中で成功例として多く見られるのが「わたしは怒りを克服しました」とか「イライラしなくなりました」「毎日ワクワクして生きられるようになっています」というものです。

怒りやイライラ、不平不満というのは歪んではいるものの、自己防衛本能です。

それらがないというのは、自分の本能がないということに他ならず、それこそ自分を見失ったうえにさらに見失うという迷宮です。

そんな不自然な枠に自分をはめ続けると、この世がふわふわとした幻想に見えるだけではなく、結果的に心神《たましい》との繋がりが薄れ、本当の自分をさらに感じづらくなるというおまけがついてきます。

はらわたが煮えくりかえるような怒りや憤りを感じているときに、感情を抑えられない自分は未熟だ、自分はダメな人間だと自己否定したり、強制的にそれらを抑圧したりするのは強引で不健康な方法です。

まずは、自分で消化できない感情や思考が湧いてきたとき、これは自分でコントロールができないと理解することが先決です。

自分のことなのに自分でコントロールできないことがある、それは「わたし」の仕事ではないのだと受け入れると、世界が変わります。

気持ちよく手放してみてください。

感情のコントロールを引き受けるのは「わたし」ではなく、もう一人の自分「心神《たましい》」の仕事だという叡智を受け取ることで、人生は今よりスムーズになっていきます。

痛みの記憶の「わたし」が様々な知恵を学び、自分の愚かさや醜い部分をどんなに認めようとしても、失敗することが許されないが故に認めることはできません。

自然と自分の未熟なところを隠す方向に向かいます。

それは当たり前のことなのですが、痛みの記憶はとにかく「認める」「受け入れる」ことができないように作られているので、隠している自分も否定します。

極端な話ですが、自分に正直にと教えられると、突然隠している自分を全部曝《さら》け出し、罪悪感から逃れようとするパターンもありますが、それもまた間違った解釈の末に残念な結果を招くでしょう。

自分のそうした負の部分を認める役目は、痛みの記憶ではないのです。

心神《たましい》によって可能になることであり、心神《たましい》へと委ねるためには第三の目で自分を顧みる必要があります。

第三の目こそが、自分を許し受け入れる役目を持つ鍵です。

∮

私たちの中身である三つの存在が、それぞれの役目を果たすことで、生きる目的、使命を果たせるようになります。

どんなに自己正当化しようとも、私たちの感情は「愛ではない意識」から生まれているのです。これが事実です。

あらゆる負の感情は「わたし」のものであり、その責任は三位一体である自分のものであると受け入れましょう。

それと同時に「自分の中の愛ではない意識を愛へと還すんだ」という気持ち、自分の意識の方向性を持つようにすることが大事です。

この地上は、残酷で目を覆いたくなるような不条理がたくさんあります。それは愛ではない痛みの記憶の「わたし」だけで、ほぼ全員が生きている世界だからです。そんな愛ではない存在ばかりの世界で、「わたし（愛ではないもの）」が幸せになるためのサバイバルをしています。

愛ではない存在がサバイバルに勝つために必要なものはたくさんあり、それらを集めるために生きているような生活になります。

それぞれが、自分の欲しいものを要求し続け、またそれぞれの正義をかざすので、当然のように奪い合いが起こり、他者は味方か敵かに分かれ、利用し合うような人間関係に、より心は荒《すさ》んでいく有様。

この世の不条理がまかり通り、弱いものが泣くような世界になるのは、私たちの中の愛ではない存在だけで生きているからです。愛ではない世界が表面化しているからです。この世に生まれてきた目的は「わたし」が幸せになるためではないのです。そうしたことがわからなくなってしまっているのです。

この苦しみから脱出するために必要なのは、愛を求めるサバイバルは必要ないのだと気づくことであり、私たちが求めるものは、すでに自分の中にあるという叡智を受け入れ、本来の自分に戻る、三位一体で共に生きると決意することです。

∮

この世を愛の世界にするためには、そこに住む人々全員が愛を選択する必要がありますが、それはほぼ不可能だと思います。

なぜなら、そもそも生まれるのは「愛ではないもの」主体の世界であり、その愛ではないものに愛の世界を見せ、体感させていくことが目的の世界だからです。

それは、「世界」という名の外側に目を向けるのが「愛の探求」ではなく、自分の内側に目を向けることこそが「愛の探求であり体験」であるということです。

愛を知らない記憶をどうやって解放するかというと、愛とはこういうことですよ、と自分自身で体験していくこと以外に方法はありません。
そしてそれは心神《たましい》によって可能になります。

例えば、どうせ誰もわかってくれないと思い込んでいる記憶があると、誰も信じられない、孤独だという後遺症が残るわけですが、その思いが凝り固まっているのが私たちの一部にあるわけです。そんな凝り固まった思いに、いくら「あなたを理解してますよ」と言葉で伝えたところで、そんなものは信じられないのは当然です。

ではどうしたらいいかと言えば、「あれ、わたし理解されてる……」という、愛の感覚を味わうことです。これは私たちが誰しも求めているものですが、なかなかうまくいかないのは、みんな外側にそれを求めているからで、この愛は心神《たましい》しか持っていないものだということを、ここでもう一度再確認してください。

さて、愛を経験していない辛い記憶を解放するためには、まずそれこそが「わたし」

なのだと自覚しなくてはなりません。

解放するのが自分ではなく、解放されるのが自分であるということ。

愚かな小さい自分を認める目。

そんな自分を静かに否定せず肯定もせず、ただただ自分なのだと受け入れる目。

この「目」なくしては、たとえ万能の神様がいたとしても、その苦しみを助けることは不可能なのです。


第三の目が目覚め、自分は三つの意識が一つとなった存在なのだと受け入れない限り、どんなに神に依頼しても叶うことはありません。

どんなに努力しても、満足することがない飢えた人生を送ることになります。


愛を選択するということは、例えるなら、正義の名の下に怒りに囚われている自分に気づくことです。

そして「どんなに自分が正しいとしても、その怒りを解放することを願っている」と心神《たましい》へ依頼することであり、その感情を受け渡すことを選択するということです。

これが愛です。

愛ではない世界で生きている限り、これは愛には見えないでしょう。

実践したとき、初めて理解できる世界なのです。

その先へ

あるときの話です。

私にすごく嫌な態度を取る人がいました。

なんだか本当にソリが合わないというか、前世で敵だったんじゃないかと思うほど、声を聞いただけでイライラするような人で、何か喋ると嫌味にしか聞こえないような人でした。私は昔から自分の感情を隠すのがへたなので、彼女からなるべく離れて、関わらないように、顔を合わせないようにしていました。

昔の私なら、睨んだり、文句や嫌味の一つも言い返したりして喧嘩になっていたと思います。この時点ですでに、私は随分と変わったなあと思っていました。

そんなとき、どうしても許せない事態が起きたのです。

私に気づいた彼女が取った行動に、私は怒りで目の前が真っ白になるような感じでした。

心神《たましい》の法則を実践していた私は、そんな自分に気づけました。

そして自分の感情を認めただけではなく、自分の心神《たましい》に向かってこの状態を預けるのだと思い出し、実行しました。


「私はこの人が嫌いです、本当に大嫌いです。でも、この気持ちを解放して心が安らぐことを望んでいます。どんな状態になっても受け入れますので、どうかあなたの思うようになりますように」

こんな感じだったでしょうか。

そしてとにかく、その場を離れて別のことに集中するように努力しました。

しばらくすると、共通の知人が近寄ってきて、苦笑しながらこんなことを教えてくれました。

「彼女、半年ほど前にご主人と離婚して、子供たちとも折り合いが悪くて、家に帰っても誰もいないんだって。今までの自分はなんだったんだって悩んでるそうよ」と。

それを聞いたとき、今まで彼女に対して思っていた胸の中のイライラや怒りの感情が、（それはきついよなー……）という感情へとシフトしていました。

ついさっきまで私をイライラさせていたものが、全く逆の思いへと変わってしまいました。


彼女は何も変わりません。

相変わらず嫌味だし、話し声も笑い声もキーキーと癇に障り、それに対してイライラする私はもちろんいます。

ただ、もっと深いところで、悲しみや辛さを味わい、愛されたい優しくされたいと願う彼女の心が見えるように、いつの間にかなっていました。

以前のような、あからさまな大嫌いという態度を取らない私にもなりました。

世間では大人になったと言われるやつですが、私は彼女を受け入れる努力も、我慢もしないまま、変わってしまったのです。

そう、私がしたのはただ、心神《たましい》へとこの問題を預けてしまったことだけです。

人間関係

特別なパートナー

いろんなことを乗り越えなくてはならない大変な人生の中で、それを一緒に乗り越えることができるような、特別な相手を見つけたい。

誰でも、そんな相手が現れることに憧れます。

が、これにもまた解釈の違いから始まる、誤解と罠が隠れていました。

自分にとっての特別な相手とは、人生の寂しさや辛さを分かち合い、ともに助け合い、自分を裏切らず一生を心地よく過ごせる人という感じだと思います。

その通りの相手が現れたら幸せ、そう思うのは当然だと私も思いますが、この要求というか要望こそが、痛みの記憶、愛を知らない記憶のものであり、本当の心が安らぐ幸せというものではないために、理想の相手という幻想を追い求めて、ゴールが見えなくなってしまいます。

痛みの記憶は、あらゆる痛みを恐れる意識です。

痛みから逃れるためには、誰にも何も言われないほど、完璧な自分になる必要があると思い込んでいる意識です。

そのために、自分が未熟でダメな人間なのだと感じる部分にだけ意識を集中し、人生の黒い点々を数えるような生き方をするように引っ張ります。

生きている間に、「辛さ、苦しさ」へ意識を向け続けることが痛みの記憶の生き方です。そのために、自分が痛みを感じないようにするための必要な相手を求めます。

この一見当然と思える思考と要求は、本来の生き方からの現実逃避であり、幻の安心という夢を見させようとしているのです。

私たちは常に「何か足りない」と感じて生きていますが、それは自分が何者であるかを忘れてしまい、一人で生きていると勘違いしている痛みの記憶の思考です。

そもそも、私たちは一人ではなく、三つの存在が一つになってこの世に生まれています。痛みの記憶が思い込んでいる「一人ぼっちで生まれて生きている」という前提がありますが、そこがスタートラインではないのですが、自分が何者なのかをすっかり忘れてしまっているので、自分の分身がこの世のどこかに生まれていて、その相手を見つけることで、心の穴が埋まると思い込んでしまうのです。

私たちの心の中にある大きな穴を埋めるのは、特別な相手ではなく、自分の心神《たましい》への回帰。それは自分は三位一体なのだという理を受け入れることで可能になります。

∮

特別な相手というのは幻想だと知ったうえで、自分にとって大切な人がすでにいたり、または出会ったりすることがあります。

そんなとき、人生がバラ色になるという意味がわかるほど、キラキラします。

そうした関係が、気づきに繋がることがままあります。

そのきっかけは、その人が自分にとってとても大事な人であり、失うことなど想像できない、重要な存在になることから始まります。


私は人を好きになると、その人が私のことをどのくらい好きなのか、その人の好みの髪型や服装はどんな感じか、その人が私のことを好きでいてくれるためにはどれだけ尽くせばいいのか、ということで頭がいっぱいになりました。

嫌われないために、本当は合コンとか行って欲しくないのに「全然平気よ」とクールで執着しない女を気取った後に、悶々と気に病んだり、気を引くためにわざと喧嘩を吹っかけては泣き崩れてみたりと、とても面倒な女になっていた記憶があります。


今振り返ってもゆがんだ人間だと自分でも思いますが、当時の私にとって、それはとても必要なことでした。愛しているからこそ、愛して欲しいからこそ我慢するし、喧嘩したりするのは当然の行為だと思っていた気がします。

第三の目で見れば、自分から傷つくようなことや、相手を疑って試すようなことをするのは愛とはかけ離れた行為なのですが、相手から愛を勝ち取り続けようと頑張っていたんだなと思います。

それでもやはり、気が狂っているとしか思えない思考ですよね。

これは大切な人に「執着」しているという現象であり、ここに気づきの種がありました。


人生が豊かになる相手が見つかったのに、いつの間にか執着という鎖に縛られてしまう。それはどうしてか、どうしたらいいか、ということに気づいていく。

答えを求めるだけが正解ではなく、まずは自分に今問題が起きているということに気づくことが、実はとても大切なことであり、心神《たましい》との繋がりを取り戻す鍵になります。

∮

一昔前のバブルと呼ばれた時代。彼や夫にするなら、三高じゃなきゃ話になんない！

と言っていたワンレンボディコンのお姉さんたちがいました。

三高とは「高学歴・高収入・高身長」のことです。

自分の理想や欲しいものを満たすために必要なものを持っている相手こそが運命の人だと、彼女たちは信じて疑いませんでした。

利己的な価値観で、そこに愛がないのは一目瞭然です。

当然、そうやって値踏みしてくる女性を値踏みする男性たち。


自分の求めているものを満たすために、人間関係を利用するということが悪いわけではありません。

ただ、条件によって生まれるものには愛はないのです。

今、こうした関係は、歪みなのだと気づける時代になったのではないかと思います。

気づきの時代と言われるのは、こうしたシンプルな価値観の変化に敏感になっていくことかもしれません。

特別な関係からのシフトチェンジ

理想の相手を求める感情を、どんな風に変えていけばいいでしょうか。
それは「特別」から「尊い」関係へとシフトすることで、より親密な関係に進化することができます。

人とコミュニケーションをとるとき、私たちは常に「痛みを恐れる意識」でいます。どんなに取り繕っても、自動的に自分を守ることに終始し、自己防衛という攻撃をしています。

そんな自分に気づいて罪悪感を抱いたり、自分のダメさを責めたりと、何度も何度も繰り返してきました。どんなに「自分に意識を向け」「自分のやりたいことをやって」「ポジティブシンキングをして」「自己愛を深めよう」としても、自己中心な意識でなんとかしようとするところから出ることはできません。

頭の中にあるのは「わたしは何を手に入れられるか」「その保証はあるのか」ということばかりだと、自分を謙虚に見つめることでわかってきます。

この頭の中の声「痛みの記憶」の世界が悪いのではありません。

私たちは目覚めるまで、そういう存在として生きていて、その世界観でこの世を見ているのだという事実を受け入れていただきたいのです。

痛みの記憶のままでは、どんなに道徳的にスピリチュアル的に成長しようとしても、どこかで特別な相手を求めてしまうという事実に謙虚に気づくことです。

そのうえで、自分の心神《たましい》へと選択を委ねていくことに意識を向けるようにするというのが、本当に無理をしない新しい生き方となります。

∮

人間関係改善の方法として「我を外して、自分は相手に何ができるかを意識しましょう」と言われます。が、それは尊い関係にシフトが変わったときに自動的に起こる心の変化を、痛みの記憶が「自分でも努力したらできる」「それができたら幸せになれる」と勘違いしてしまったスキルと呼ばれるものです。

何度もお伝えしていますが、痛みの記憶では愛することとは、できないのです。その結果、多くの人が挫折して自分を責めているのではないかと思います。

「相手に何を与えられるか」という意識状態は、尊い関係になったときに自動的に起きることであり、これがシフトチェンジと言われるものです。

痛みの記憶で努力して得た「相手のことを考える」意識との大きな違いは、相手が間違いを犯すことを受け入れる準備ができているかどうか、ということです。痛みの記憶は、どんなに謙虚になろうとしても、基本が自己中心でしか考えられない意識ですから、相手の間違いを許すことができません。

尊い関係を作ることができるのは心神《たましい》へ委ねたときであり、「わたしたち（痛みの記憶）」ができるのは、心神《たましい》に「自分を導いてください」と願うことだけです。

尊い関係とは

この世に生まれた全ての人間は、癒やされていない意識を持って生まれています。まずこのことを受け入れ、同時に自分の弱い部分があると認めること。

それによってお互いに許し合うことができるようになり、痛みの記憶（癒やされていない意識）を癒やしていきます。

このような関係のことを、心神《たましい》の法則では「尊い関係」と言います。

私たちがこの地上で自分という意識に目覚めてからずっと、私たちの意識は「痛みの記憶」主体です。

痛みの記憶が作る人間関係は、常に人を値踏みし、誰かを批判し、他人を見下すことで快感を得ることに利用されています。当然、周りの人も自分と同じようにあなたを値踏みし、あなたを批判し、見下して喜ぶように思えて仕方がないのです。

そんな惨めな状態がさらに惨めになってしまうのが「特別な関係」の正体。

痛みの記憶にはどんなに頑張っても特別な関係が最上級の人間関係であり、それ以上の人間関係などないと思っていますが、大間違いです。

惨めで腹黒い自分以外に、二つの意識が内在しています。

惨めな自分は、その中の一つに過ぎません。そしてそんな惨めな自分を癒やすために、私たちは生まれました。

惨めな自分こそが人生の主役です。


しかし、癒やすことは、惨めな自分の担当ではありません。

癒やしの担当は「心神《たましい》」です。

私たちにできるのは、自分の腹黒さやひどさを認識しなくちゃ始まらないのだ、と受け入れる準備と覚悟をすること。

そして心神《たましい》という存在が自分の中にあるのだと素直に認め、心神《たましい》に頼って生きるという技術を少し学び、実践していくことだけです。


スピリチュアルな成長とは、解毒のプロセスのようなものです。

石を投げるためには、石を見つけて拾わなくてはならないように、解毒するためには毒が何かを自覚しなくてはなりません。

その毒を発見するまでが私たちの仕事であり、そこからは何もする必要がないということです。

よく自分の欠点をなんとかしなくてはならないと言われていますが、それは私たちの仕事ではなく、自分の欠点を見つけるまでが仕事です。

もう皆さん、完璧にその仕事をこなしています。

自分のダメなところ、すぐに見つかると思います。

そこからが心神《たましい》の法則の出番です。

欠点や毒の部分を見つけたら、そのまま心神《たましい》へと丸投げしてしまいましょう。

それが正解です。

特別な関係しか望めない私たちが、尊い関係へと移行するためには、この解毒の作業をすることが道標です。

尊い関係は心神《たましい》に導いてもらわないとできないことだから、です。

先ほどご紹介した私の恥ずかしい狂った思考パターンですが、こんな風に委ねることができます。

「自分でもよくわかっていたんだけど、恋愛をすると本当に自分を見失って、自分をダメにしてしまうパターンがあって、それは自分でコントロールできないことを知りました。特に恋愛を含む異性に対する感情は、あなたの志によって展開するようにお願いします」

と、これからの恋愛関係の責任を心神《たましい》へと渡してしまうことができます。

心神《たましい》が導く尊い関係は、特別な関係とはやはり違います。

「完璧な相手」を含む完璧な関係にはならないのです。

∮

尊い関係はキラキラした関係というより、どちらかといえば、自分の中にある真っ黒い気持ち（闇）が表に出てくるような、自分の嫌なところを触発するような関係性になることもあります。

私たちは誰でも、弱い自分や醜い闇を抱えていますが、だからといって悪い人間であるということではありません。
それを知っている人間同士の関係こそが、尊い関係です。

尊い関係になるには、まず自分がどんな人間であろうと、それが自分なんだと受け入れることから始まります。
それによって頭の中の声が静かになり、心神《たましい》へと導かれ、三位一体として生きることが可能になります。

自分は三位一体の人間であると認めれば、相手も自分と同じ三位一体の美しい存在であることを認識できるようになり、お互いが愛のない存在であり、また愛そのものなのだということを、確認し続けようと決意することが大切です。

自己確認し続ける必要があるのは、私たちはすぐに忘れてしまうからです。

私の場合、家族や大切な人と喧嘩しちゃったりするとき、すぐに心神《たましい》にお願いするという癖づけをしております。

「ちょっと心神《たましい》さん（呼び名はなんでもいいです）、私を怒らせるこの大切な人が、三位一体の美しい人であると見えるように、私の目から痛みの鱗を取ってください」

とか言葉は色々ですが、取り急ぎ祈っています。

すると不思議と相手の様子が変わってくるのです。

変えようとしなくても、自動的にシフトチェンジしてしまう。

これが尊い関係の特徴です。

体験というのは個人的なもので、誰かとシェアしようとしても、言葉の限界があってうまく伝わらないものです。

きっとあなたも、個人的な体験をすると思います。

誰か大切な人と喧嘩をするたびに、奇跡の体験をすることになります。

そして、やっぱり喧嘩も素晴らしい体験なのだと思うようになるかもしれません。

恋愛について

「どうしてわたしには運命の相手が現れないのでしょうか」


そんな質問をされることがあります。

誰でも、孤独を抱えて寂しさを感じるし、そんな中で誰か他の人と理解し合い、支え合うことができれば、どんなにか幸せだろうと思うのはとてもよくわかります。

さて、お医者様でも草津の湯でも治せないのが恋の病と言われてきました。

この恋というのが、「特別な関係」という病になるか、「尊い関係」という人生の薬になるかは自分次第です。

私たちは恋に落ちたとき、相手が完璧に見えています。

「あばたもエクボ」とはよく言ったもので、好きな相手の嫌な部分も何故か可愛く見えてしまうし、自分の弱さも受け入れてもらえて最高に幸せを感じる体験をします。

これです。この状態を恋の病と呼んでバカにしていますが、実は本物の「尊い関係」を体験しているのです。

相手も自分も完璧に見える、そう見えてしまう視点というのは、痛みの記憶の人格では無理なのです。

この幸せな尊い関係に忍び寄るのが、痛みの記憶の狂気です。

ある日突然、相手の服装や髪型、ご飯の食べ方や話し方の中に、自分の好みではないものを見つけ始め、相手が自分の理想通りではなかったと思い始めます。

あれ？　こんな人だったっけ？　とだんだん自分の思い通りにならない相手に苛つき始めます。

昔はこんな人じゃなかった、あの頃は「わたし」の思い通りに動いてくれたのに、「わたし」のことが嫌いになったのだろうかと疑心暗鬼が始まり、そのうちに当然の権利のように相手を自分の思い通りにコントロールし始めます。

人間には、長所も短所もあるのが普通です。
自分が嫌だからという理由で、人や自分を拒絶し始めるというのが、現代のノイローゼのもとではないでしょうか。
自分の思うようにコントロールできない人を拒絶するように、人の期待に応えられない自分は、拒絶されてしまうかもしれないという恐怖に怯えて生きること、そこにどんな喜びがあるでしょうか？

「理想の人に出会えますように」「ソウルメイトに会えますように」とどんなに祈っても、どんなに努力しても、その人を「普通の人間」として受け入れる準備ができていなかったら、なんの役にも立ちません。

そのために、自分自身が普通の人間なのだと受け入れることが大切です。

受け入れる方法は簡単です。

まず自分(痛みの記憶)では受け入れることはできないことを、思い出してください。

欠点を含めてコントロールせず受け入れることができるのは、あなたの中の心神《たましい》だけです。

ブラックな自分、ダメな自分を見つけたとき、心神《たましい》に受け入れてもらうこと。

あなたができるのは、見つけて報告することだけです。


見つけるだけでは終わりません。見つけて、報告すること。

心神《たましい》に「報告、連絡、相談」することです。

ホウレンソウですね。


もし相手がいないということに問題があるとすれば、自分には出会いがないとか、自分にはもうそういう人がいないんじゃないかとか、自分には魅力がないとか、歳をとっているからとか、そういうことではなく、与えられた機会を最大限に活用するにはどうしたらいいかを知らないということかもしれません。

恋愛相談の中で、出会いがないというご相談も多いのですが、私の返事はいつも同じです。

「出会いはコンビニでもありますよ」

私の友人の一人は、偶然並んだバス停で出会いました。
別の友人の結婚相手は、いつも行くスーパーの店員さんでした。
ずっと仲良しの友人夫婦は、お見合いで出会いました。
私の最初の結婚相手は、私の中学の卒業アルバムを見たと言って告白してきました。

出会いは、普段の生活の中にあります。出会いがないという人たちに話を聞くと、特別な出会いや特別な人を期待しすぎている傾向があります。

大切なのは〝特別〟に囚われることなく、今、目の前にある一つひとつの出会いを大切に扱うと決めて、心神《たましい》に頼って生きることです。

出会いはいつも驚くほど突然起こります。

誰だって、いつも綺麗にしているわけじゃないし、その突然の出会いのときほど、ノーメイクのボサボサな自分だったりします。

だからこそ、自分にとってこの人は恋愛対象になるかどうか、わたしを大切にしてくれる人だろうか、などと見定めようとするのは子供じみたことであり、出会いをとてつもなく狭くしてしまうことになります。

いつでもゴロンと寝られるようなゆるゆるジャージ、ノーメイクのボサボサ頭を帽子で隠したような「普段の自分」が、コンビニで買い物していて出会った人を恋愛対象かしら？　なんていちいちチェックしないでしょう？

その人と尊い関係になるかもしれないのに、自分の視界から外してしまう行為はとても愚かで、滑稽なこと。ましてや顔の良し悪し、使えるお金の額や体格で選ぶなんて、出会いを自ら蹴飛ばしているようなもの。

いつでも出会いはあります。

実際にコンビニでの出会いで結婚するほど惹かれ合った人もいるわけですから。

私の出会いですか？

私には現在、三度目に結婚した相手がいますが、ロマンチックでも特別でもありませんでした。気になる方は直接お目にかかったときにでも聞いてください。

心神《たましい》と痛みの記憶の関係

良い関係というのは、いつもキラキラと楽しいわけではありません。

スピリチュアル的な解釈の中には、怒りや憤りなどネガティブなものを排除するというものがあります。険悪になる関係はよくないと思われていますが、それはとても不自然なものです。

成長した関係とは、二人が仲睦まじく微笑み続けることではありません。

スピリチュアルにおける良い関係とは、基本的には痛みが伴うものであり、割とめちゃくちゃなものだと思ったほうが近いです。

私たちが人と関わりを持つのは、お互いにやるべき目的があるからです。私たちが生まれた目的は「自分は痛みの記憶なのだ」と知ることであり、愛を知らない意識とともに愛の奇跡、心神《たましい》の奇跡を体験していくということです。

「わたしたちは受け入れることすらできない傷つきすぎた狂気の意識なのだ」

このことを見ることができる第三の目を通して、心神《たましい》へと投げかけ、愛へと還していく流れに乗ることです。

「自分の中にとても嫌でおぞましい部分がある」と、過酷なまでに正直に自分と向き合うことが必要です。

人間関係は、それを自覚するためにあるようなものだと思うと、色々わかりやすくなるかもしれません。

素直な自分の気持ちが大切だと言われます。

しかし、私たちは痛みの記憶が主体で生きているわけで、その素直な思いは痛みの記憶が発する身勝手な思いに他ならず、正直に発信すると人生が壊れてしまうことがあります。

痛みの記憶の発言は、どんなことであれ磁石のように相手の中の痛みの記憶を引き摺り出すからです。


私たち夫婦は、お互いに同じ空間にいることを好みますが、それは常に一緒にいるということではありません。一人でいたいことも、もちろんあります。

それを正直に伝え合えることができる、ということが心地よいのです。


ところが、過去の私にはこれができませんでした。

嫌われないようにするために、相手の顔色を窺うことが一番大事だったからです。

たまには一人の時間が欲しいと思っても、「いつも一緒にいられて嬉しい」「一人の時間なんていらない」と言ったり、そういうフリをしたりしていました。

それがいつの間にかストレスになって、自分を抑え込んだ反動で些細なことにも苛つき、悶々と怒りが湧いてくるという狂気のループに嵌《はま》り続けました。

正直な自分の気持ちを言ったら嫌われてしまう、捨てられてしまう、また一人になって寂しい人生になってしまうと怯えていたのです。

笑顔で喧嘩も言い合いもしないことが良い関係、スピリチュアルに成長した関係なのだと思っていました。このように思うあまり、自分の本当の思いを抑え込んで、負のエネルギーが蓄積してしまうことも知りませんでした。

イライラしてきても、なんとか表面上は取り繕ってきたわけですが、こうした抑圧した感情は基本的に「怒りのエネルギー」となります。

痛みの記憶が怒りを多く含むのは、人間関係で完了していない感情が蓄積して、最後に爆発するものだからです。

誰かの特別な人でありたい、と願えば願うほど、自分の中に何かを抑圧していくことになります。これは自分の性格が悪いとか、成長していないからとか、そうしたことではなくて、単にそうなるようにできているからです。

尊い関係では、今自分が何を感じているかを、相手に伝える勇気を持つことを望めるようになります。それが大事なことだとわかるようになるからです。

心神《たましい》に依って生きるようになると、無意識に自分を押し殺して相手をコントロールしようとすることはなくなり、相手の助けになることは何かに意識を向けようとすることができます。

心神《たましい》との関わりが一方的で、それぞれに役割や違いがあることを知らないスピリチュアリストは、「相手の助けになるように自分の意識を高めましょう」とか、「人をコントロールしてはいけません」とか、「人を変えることはできないけれど自分を変えることはできます」など、努力と精神論でアプローチして道徳的に生きることを勧めています。

が、これらは心神《たましい》に依って生きるようになったときに、自動的に起こる内側の変化。痛みの記憶にはできない相談であることは、すでにご存じの通りです。

できないのにできるようになれば幸せになると言い続けているのですから、手に入らないものを欲しがり続けることになり、精神的な成長は難しいものになるのは当然です。


尊い関係、相手をサポートする意識になることとは、自分の努力では到達できません。心神《たましい》に委ねる以外に方法はないのです。

ぜひ心神《たましい》へホウレンソウしてください。

私たちは忘れる生き物です。常に、意識的に意図的に、「心神《たましい》」へと意識を繋げる癖をつけることはとても重要です。


「自分は三位一体なのだ」

「自分の中には痛みの記憶と、それを見つめる第三の目と、心神《たましい》という意識がある」

これを本気で受け入れようと決意するまで、目の前の現実に起こる様々な出来事は、自分（痛みの記憶）だけで対応しなくてはなりません。

どれだけ意図して心神《たましい》と繋がろうとしているかは、本当に重要なことです。


怒りが出たら、まずはそれを自分で認識する必要があります。

次に感情のまま怒ったら、相手は自分を嫌いになるんじゃないかという「恐れ」が出てきます。そこで私たちは自分の感情を変に抑圧し始めます。

抑圧は自分を歪めてしまうという学びを得た人たちの中には、感情的に爆発させる人もいるようですが、それでは人間関係は壊れてしまいます。


抑圧もよくない。感情のままもよくない。

ではどうしたらいいか。


それは、自分の心神《たましい》へと意図的に報告することです。

まずは深呼吸してください。

そして自分の心神《たましい》にお願いします。

「ちょっと心神《たましい》さん（神様でもなんでもいいです）、本当にムカついて収まりがつかない。それをあの人に伝えようとすると爆発しそうで、爆発したら嫌われるんじゃないかという思いもあって、自分ではもう限界です。どうか、この感情があなたの志の方向へと向くように、手放せるようにしてください」

「あなたの目で世界が見えるようにしてください」

など、自分のいつもの素直な言葉で心神《たましい》へと伝えてください。

デスマス調じゃなくても全く構いません、タメ口で全然大丈夫です。

そんなことより大事なのは、怒りの感情、怖いと思う感情などを、あなたがしっくりくる言葉に変換させていくことです。感情を言葉にすることです。

言葉になることで、全てが解消していきます。

∮

ある女性から、夫婦関係のお悩みを受けたときの話です。

彼女は、

「自分が掃除をしたところを、夫がまた掃除をし始めるのが辛い」と言いました。

掃除ができない私には、痛いほどその気持ちがわかります。なんだかいたたまれないんですよね。

彼女は彼のそうした態度が嫌味にしか見えないとご立腹でした。

確かに、痛みの記憶だけの人間関係だと嫌味にしか見えないですよね。一度掃除した場所を掃除されるなんて、否定そのものではありませんか。

その怒りの原因を見るために、彼女の心神《たましい》とコンタクトを取ると、全く違ったことが見えてきました。

彼女の怒りの奥にあるのは、なんと「彼のことがもっと知りたい」だったのです。

不思議に思って彼女に色々聞いてみました。

彼に対して「嫌味な人だ」「綺麗好きすぎる」「言いたいことがあればはっきり言えばいいのに」と、文句ばかりを言っていた彼女ですが、スピリチュアルの本で学んだ「素直な自分になって本音で生きる」ということを彼女なりに実践しようとしていたのです。

そこで私は、「あなたが彼に本当に言いたいことって、『何故そんなことをするか知りたい』だけ。それってつまり『あなたのことがもっと知りたい』ってことじゃないの？」と聞いたら、突然号泣し始めたのです。

痛みの記憶は相手の嫌な面しか見えないように設定されています。

その設定の中で、どれだけ相手の良い部分を見ようとしても、見えるはずがありません。見ようとすればするほど腹が立つという、おかしな現象が起きます。

相手の良いところを見つけたり、自分の本心を見たりすることができるのは、痛みの記憶という設定の外にいる第三の目だけです。

そして相手の良い部分が見えるのは、心神《たましい》だけなのです。

どのあなたも、全部本当のあなたです。

しかし、意識としてわかるのは痛みの記憶の自分だけ。

真摯に自分を見つめる第三の目を通してのみ、心神《たましい》を感じることができます。

これは能力や努力ではなく、生まれた目的のためにそうなっているのですから、私たちがどうこうできる問題ではありません。


この役割の違いを把握することは、私たちが自分に戻っていける道です。

怒りをどうするか

スピリチュアルを学ぶものにとって、怒りは扱いにくい題材です。

イエス＝キリストやブッダが非常に怒りっぽい人だったという説を聞くと拒絶する人がいるほどですから、「怒り」は受け入れ難いブラックな感情表現です。


純粋な人は怒りを感じることはない。悟った人は怒りを超越した人だというのは、勝手な妄想です。

私がそんな話をすると、「あなたは純粋な世界の人ではないのね」とスピリチュアルな人たちに見下される経験をしました。その頃は、ワクワクポジティブなことだけが素晴らしいというスピリチュアルが全盛期だったので仕方ないですが。

とはいえ、ネガティブなことをちゃんと見ようと指導する私は、悪魔に魅了された人とまで言われ、流石に傷ついたし、人を批判し見下すことがまかり通る美しいスピリチュアル界隈が、本当に嫌になるという思いもしてきました。

痛みの記憶（エゴ）を排除することは、自分の一部を殺すことです。

それは自分ではなくなるということであり、やってはいけないことです。

相手を否定し、自分の条件に合わせようとコントロールしているときに出てくる怒りやイライラは痛みの記憶の感情ですが、この感情を出したからといって、レベルの低い人間ということはありません。

また逆に、怒りやイライラを表に出さないからといって、その人が怒っていないと思うのもまた間違いです。

怒りは攻撃的な感情です。

外に向けられた怒りは、相手を攻撃する言葉と波動を持ちます。そして内側へと向けられる同じ力のエネルギーは、自分への裁きとなって肉体を攻撃します。

怒りを含めたネガティブな感情の対処として最もまずいのは、それを否定することです。怒っていないフリをしても、怒りが収まらず内側で燃え続けることはよくあります。表面を取り繕っても、内側では怒り続けていることになります。

ではどうするか。


怒っていることを自覚すること。

それを手放す気持ちも持っていると自覚することです。

それを言葉にして心神《たましい》へとホウレンソウしましょう。


私たちは感情を言葉にすることによって癒やされていきます。

どんな言葉でも構いません。はじめはちゃんと意味のある言葉にしようとか、伝わるようにとか、肩に力が入って上手くできないとか思いますが、何事も諦めないことです。練習でだんだんうまくなります。

自分がしっくりくる言葉を探すことが、最初は少し難しく感じるかもしれませんが、語彙力をつけるのも癒やしの力になるので、そこは諦めない頑張りどころです。

例えば「怒っているけど、それを手放す気持ちはあります。どうかわたしには見えていない世界を見せてください」など。

まずは心神《たましい》へのホウレンソウのつもりで、そんなシンプルな言葉から始めてはどうでしょうか？

心神《たましい》に向かって、
「自分の人生を癒やして欲しい」
「本来の生き方ができるように導いて欲しい」
と願っていくと、あなたの必要なもの全てに光が当たります。

それは影がなくなるということであり、隠してきたことや、自分が見たくないと思っていたことも見ることになる、ということです。

たとえになるかわかりませんが、いい天気の日中にお風呂場に入ると、思った以上にいろんなところにカビが生えていて驚くことがありました。

夜の薄暗い電灯の下では見えなかった、あれやこれ。最初はびっくりするやら落ち込むやら、見ただけで疲れてしまったのですが、汚れが見えたことであそこを掃除しようという思いが出てきたり、カビ用の掃除道具を揃えたり、簡単に綺麗にする方法を探したりして、結果的に掃除ができたという経験はないでしょうか。

成長しようとすると、自分の中にある見たくないものを見ることになります。

人生が悪くなっているんじゃないか、なんでこんなことしなくちゃならんのだ、と思うようなことが続いたりするかもしれません。

痛みの記憶の世界、狂気の世界で無意識に生きてきた自分を見るのは、かなり辛いものがあります。自分は美しい魂で、成長するために地球を選んで生まれてきたとか、何度も生まれ変わって今世ではこんな経験をするのね、というようなスピリチュアルな夢から目覚めると、自分の真実が見え始めます。

その過程が人によってはとても苦痛を感じることがあり、もうやめたい、こんなことしても意味がない、と負けそうになるかもしれません。

嫌なところを見ず、ワクワクとした人生だけに意識を向けて生きるほうが、余程スピリチュアルだよという誘惑に、よろめきそうになることもあるかもしれません。


あなたは三位一体の存在です。

人生を良くしようと頑張ってきたのは、あなたの痛みの記憶です。

痛みの記憶は過去を生きた人の、愛を知らない記憶です。

今世の自分というのは、その痛みの記憶を見つめる第三の目と言われる意識。

痛みの記憶に愛を教えるため、共に生きる心神《たましい》という意識もまた、あなたです。

この真実を受け入れることができれば、人生はとても楽になります。と、学んでもまた、人生そのものを心神《たましい》へと委ねることなんて怖い……。

そんな繰り返しを何度も何度も経験していきます。


私たちは生まれた目的をこうやって達成していく道を歩んでいくのです。


心神《たましい》の法則を信じられないのも、また痛みの記憶のなせる業。

学べば学ぶほど生まれる葛藤によって、苦痛を感じるようになる人もいます。

この世界は、自分で努力して幸せを勝ち取ることが当然の生き方であり、そんな本当かどうかもわからない心神《たましい》とかに頼って生きていくなんて、と思いたくなるかもしれません。


私たちの本来の姿は完璧にデザインされているのですが、痛みの記憶はそれも嘘だと否定します。このことを覚えておいてください。

私たちに求められるのは、信じることでも、努力することでもありません。

心神《たましい》という存在に任せて生きてみる勇気を持つことだけです。
必要なのは、「自分が主体にならない」という勇気。

怒りは発散すると楽になるエネルギーなので、発散してください。
ただし、怒りは攻撃のエネルギーです。他者に対して発散すると痛みの記憶が発動し、より怒りのボルテージが上がります。相手の痛みの記憶を呼び出して、言わなくてもいいことまで言い出し、泥沼のような状態になるのでオススメしません。

怒りを発散させて楽になるつもりで相手にぶつけても、怒りはなくならず、かえって大きな衝撃となって事態を悪化させるだけ。怒りを発散するのは相手をやり込め、自分の正しさをわからせるためではありません。怒りを放棄するための方法です。
怒りの放棄は、自分ではなく「心神《たましい》」に依って可能となることを思い出して、ぜひホウレンソウしてください。

スピリチュアル的な人生やその関係は、静けさと平安に満ちていて、常に至福を感じるような生き方だというのは妄想です。

痛みの記憶が妄想する愛の形ではなく、本物の愛である心神《たましい》に依って生きることで、それは具現化していくでしょう。

自分をなんとかする

長い間、私の人間関係は崩壊していました。

中でも夫婦関係は長く続かず、何度もダメになったのは相手が浮気したからだ、私を裏切ったからだ、男運が悪すぎたと思っていました。

今思えば正面から受け止めることもできなかったのでしょう。

相手がもっと精神的に成長し、色々学ぶ必要がある人だから仕方なかったとも思って、自分を奮い立たせたりしていました。

そしてパートナーがいないという辛さを味わうたび、頑張っている私を理解してくれなかった相手が悪いと批判し、浮気して裏切ったあちらの不義を責め続けました。

そんな思考パターンを続ける私の人間関係が、豊かになるはずはありません。

他者との関係を築くためには、自分自身を省みて、自分が信じているルールやそこから出る思考や行動を見つめ直す必要があると「気づくこと」です。

平たく言えば、人間関係はどちらかが一方的に悪いということはないと気づき、自己反省する必要があるのだと「気づく」ことです（反省するかどうかということではなく、気づくということが鍵）。

人間関係を豊かにするためには、焦点を相手ではなく自分自身に向けてみましょう。痛みの記憶だけで生きている「わたし」は、うまくいかない人間関係に対して、確かに自分にも問題があるとは思うけれど、半分以上は相手の責任だよ、と言い続けます。

そんなときはそれに逆らわず、「よし、じゃあ10%でもわたしに責任があるなら、その部分を認めてみよう」と自分に意識を向ける視点の練習をし続けます。

この視点こそが、あなたの人生を激変させる種となります。

あなたの内側で静かに進む人生のチャレンジには、相手に強要するものは何もありません。外側にとても不愉快で苦痛を感じる原因を誰が作ったのか、この不幸は誰のせいなのか、その責任はほぼ相手じゃないかという事実があったとしても、その現実と、あなたが自分を許し人生を豊かにすることとは関係がありません。

心神《たましい》という存在は自分の中にいます。

今の人生で他者が理解してくれないとしたら、それは寂しいことではありますが特に問題ではありません。相手が同意しようがしまいが問題ありません。

あなたの人生において、あなたが必要なことは、あなたの内側に全てあります。

自動的に傷を癒やす方法

傷を癒やすための方法をどんなに試してもなかなかうまくいかない方に、ぜひ知って欲しいことがあります。

それは、自分では傷は癒やせない、というシンプルな事実です。

どんなに傷を癒やす方法を持って行動し、その傷が癒えたとしても、私たちはまた同じような傷をつける行為を繰り返します。

これは第三の目が目覚めたとしても繰り返します。

その理由は何度もお伝えしている通り、私たちは痛みの記憶としてこの世を生きているからです。

傷ついては癒やし、また傷つくということを繰り返すうちに、いつしか心が折れてしまい、心を開いて人と出会うことを避けてしまうようになることもあります。

人を避けることは一見楽に見えますが、逆にこの世知辛い世界にどっぷり浸かってしまう最悪の手です。

どんなことでもネガティブにしか見えないという癖を持つ痛みの記憶によって、この世で体験する様々な出来事は、さらに複雑で深い傷となって記憶に残ります。
いろんな痛みが混ざり合い絡み合って複雑に深くなっている傷を、自分で掘り下げて癒やすことは、実際とても困難で、深掘りすると逆に抜け出せなくなります。
心の傷を掘り下げて癒やすというのは、実はあまりお勧めしません。

心の傷とは、痛みの記憶のことであり、痛みの記憶を癒やすのは心神《たましい》の役目で、また心神《たましい》にしかできないこと。

そんなに頑張って癒やすために心の傷を掘り下げ探さなくても、日常を丁寧に生きていると、自分の傷が発動して動いていることに気づくことができるようになります。

例えば、誰かに何気なく言われた一言に、ものすごく嫌な感情が湧くことがあったりするのも、傷の動きです。
「今日のランチの約束、キャンセルさせて」という、特に悪意もない話でも、拒絶されたような気持ちになったりします。

自分を大事にしてくれないと怒りのようなものが湧き上がったりするかもしれません。細かいことはよくわからないけれど、何かモヤモヤして、それが取れなくなってしまうようなことも起きるかもしれません。

そこには昔の「なんらか」の傷があると思っていいかもしれません。見捨てられる、軽く見られて馬鹿にされている、置いていかれる、裏切られるなどの感情が湧いているのです。

こうしたことを何度も自分で理解しようと咀嚼する必要はなくて、また自分でなんとか解決する必要もありません。

ではどうするか。

そうした感情や思考は「事実が見えていない傷の世界」からきているのだと受け止めましょう。それから、それを「言葉」に変換します。

心神《たましい》へと言葉を使ってホウレンソウすることで、自動的に癒やされていきます。

私たちができることは、過去の自分を癒やすことや、何があったかを理解するようなことではなく、日常で起きてくる不快感やモヤモヤした思考や感情をキャッチすること。

そしてそれにしっくりくる言葉を探して、心神《たましい》へと丸投げすること。

これだけです。

本当に変容する三つの方法

スピリチュアルにハマるきっかけは色々ありますが、その多くは何かに困っていたり、助けて欲しいと願っていたりするからです。

スピリチュアルを学び修行する目的は「自分の心の回復」であり、「心の平安」ではないかと思います。

もちろん、中には「もっと幸せになりたい」とか「何かを忘れている気がする」など、漠然とした不安や欲望だったりするかもしれませんが、それも元は同じ。

スピリチュアルとは、バラバラに砕かれてしまった自分を回復することが目的です。

この目的をズラさないように注意してください。

スピリチュアルの目的は「心の平安」にあります。

それ以外のことをスピリチュアルに求めている人は、ご自分の願うことと少し違った結果に繋がり、残念に思うこともあるかもしれません。

∮

よくある話ですが、自分が学んだ先生やカウンセラーに「あなたはもう大丈夫ですよ」と言われて、もう終わったのだと安心してしまうことがあります。

でも、しばらくすると心はまたざわざわし出して、次の先生やカウンセラーを探してしまう。こんなループにハマることが実はよくあります。

これが教えてくれるのは、

「自分自身が信じなければ、誰がどんなに保証してくれても何も変わらない」

という事実です。

どんなに「あなたはスタイルがいいね！」と褒められても、自分自身が太っていて醜い体だと信じていれば、必要のないダイエットに明け暮れて、ガリガリに痩せてしまうようなもの。それでも自分は醜いという呪いにかかり続けていると、食べられなくなる病になり死と隣り合わせのような生活が待っています。

自分の体が醜いと信じているので、他の人が何を言おうと何一つ心に入ってこないほど、心の扉を閉ざしてしまっているのです。

人生についても同じことが言えます。

自分が何を信じているかで、人生の方向付けがされます。

今の私たちの問題点は「自分が誰か」を教えてくれる師がいなくなってしまったことです。それに加えて、自分でも思い出せなくなってしまうほど痛みの記憶が増幅していること。

いろんな要因が重なり、本来の姿である「心神《たましい》が創造したもの（自分の人生に起きること）をそのまま受け取る」ということが全く意味をなさなくなっている状態なのです。

自分自身の中に神がいる。


この事実に対して、「そんなことあるかいな」と、全く耳を貸そうとしません。

または、「信じたいけど証拠がないから信じられない」と言われます。

「自分が納得できるものしか信じない」という生き方は、受け取って生きるという本質的な生き方ではありませんが、信じた世界を生きるという本質で生きていることに他なりません。

信じないという世界を信じる、というとても不可思議な挑戦をしていることになるのです。


痛みの記憶は、痛い目に遭いたくないと怯えて生きています。

心神《たましい》が作っている世界を、なんでも全て受け止めると宣言するなんて、恐ろしさ以外の何ものでもありません。

そんなことをしたら、自分だけ損をするかもしれないし、思ってもいないことを引き受けるなんて嫌だし、どんな人生でも受け取るなんて、不幸なことばかりが来たらすごく嫌だと思うからです。

自分で努力して、そのうえで納得した人生のほうが楽だと信じています。

心神《たましい》の法則を頭で理解できても、人生はついてきません。

私たちは罪のない言葉であっても、勝手に自分は見捨てられてしまったのかもしれないと思ったりします。

「今のは拒絶されたのだろうか」

「これって裏切りじゃないか」

「自分が愛されているなんて勘違いだったのかもしれない」

こんな風にどこまでもネガティブに受け取ってしまうことがあります。

痛みの記憶だけで生きていると、ネガティブな思考は常に発動し続けます。相手に攻撃されたと感じると自動的にスイッチが入り、防御したり逆に攻撃を仕掛けたりします。そして、相手に罪の意識を植え付けようと翻弄してしまうものです。特に家族やパートナーに対しては、辛辣になります。

心神《たましい》の法則を信頼して生きるようになっても、以前と同じように勝手に傷ついて嫌な思いをすることはもちろんあります。

それでも悪いのは相手の言葉であって、相手の存在自体ではないということを知ることができるようになりました。

「夫はわたしの敵ではない」

こんな当たり前のことがわからなくなるほど、私たちは狂気の世界に生きているのです。

「わたしを不愉快にする人は全て嫌な人だ、敵だ」

「わたし」の中で自動的にスイッチが入ると、自己防衛という名の攻撃性が増します。

相手が悪いのだからという一方的な正義の思考が強化され、自分の中で全ての出来事が正当化されます。

この思考と感情に振り回されて、私は人間関係を壊しまくりました。

人生のパートナーだと思ってきた人や友達、会社の同僚だけではなく、大切な子供にも被害が及びました。

自分が攻撃されたと感じ、相手を攻撃するのは当然なのだと思い込んで発動してしまう感情。

これが私の痛みの記憶の壁の一つでした。

こうした壁も私自身です。一生お付き合いしていくものです。

壁にぶち当たったとき、まずは深呼吸してその場から離れるようにします。

その場に居続けると、どうしても相手を攻撃したくなるからです。

一呼吸ついたら、今感じていた感情と思考を認識して、心神《たましい》に助けてもらうための言葉を探し、伝えます。

例えば「今、ものすごく腹が立って、あっちが悪いとしか思えない怒りが湧いています。でもこのパターンでいつも関係を壊してしまうことも知ってます。わたしにはどうしたらいいのかさっぱりわかりません。わたしの代わりに、あなたがこの状態をなんとかしてください。その結果はどんなことでも受け入れます」

こんな風に、正直な思いや感情を言葉にし、頭の中でホウレンソウ。

こうやっていつも助けてもらう癖をつけていく練習をしましょう。

私たちは「気づいて」それを心神《たましい》へと報告することで、本来の生き方ができるようになります。

気づくだけでいいと言われた時代もありましたが、ただ気づくだけでは癒やされません。自分の性格や過去の問題を分析するだけで癒やされるなら、努力家のあなたはとっくの昔に楽になっているはずです。

私たちの内側にある強迫観念や自己欺瞞は、私たちがその姿に気づいて、言葉にして心神《たましい》へと還すまで続きます。

私たちが変わって行くための方法
一）自分は何者なのかを知り、叡智を味方にすること
二）日々の中で、自分の内側にある痛みの記憶のパターンに気づくこと
三）それを癒やしてくれるように、心神《たましい》に依頼すること

この段階を踏むだけです。

補足すると
一）は、三位一体であるということを受け入れ、その叡智を使うと決めること。
二）は従来から言われてきていることで、その方法はここでもお伝えしています。
三）がなければ、一）、二）とも無力なものとなるほど、大事なものです。

私たちの痛みの記憶は「問題」であって、「答え」はありません。

その答えを外に見つけようとしても見つかりません。この世は痛みの記憶の世界、つまり問題だらけで答えを持たない世界だからです。

私たちが欲しい答えを持つのは、他の誰かではなく自分の心神《たましい》です。心神《たましい》はホウレンソウがなければ、人生に介入しないようデザインされていますので、私たちが気づいて心神《たましい》に依って生きると決めるまで、見守ることしかできません。

トンネルを作っている土をどれだけ分析しようと、出口を見つけることができないように、問題が問題をなんとかしようとしても、答えは見つかりません。答えは、自分を理解しようと分析するのをやめることが鍵です。

さらに、自分で何かをしなくても助けを求めてもいいのだと、自分を許すことで近づきます。そのうえで助けてもらう相手（心神《たましい》）を知ったときに、向こうからやってきます。

そうした選択ができるかどうかは、自分自身を冷静に見ることができる第三の目があるかどうかにかかってきます。

自分は〝トンネルの土〟を分析しているだけなのだ、と気づくためには、自分のその姿を客観的に見る必要があります。

客観的に見て初めて「あれ？　何やってんだろう自分」と、自分のおかしさに気づけるからです。

∮

近年では、自分の欠点やエゴと呼ばれる「人生をダメにする思考」を嫌になるほど分析しては、そこからの解消解決する道を探す方法が山のようにあります。

が、それらを癒やしに使うというより、自分の傷を正当化することに使っているような気がします。

私たちの感じている心の傷を今回の人生だけで分析すると、パターンはある程度、幼少期の経験が原因となっています。

例えば「母親に虐待された」「父親が無関心な人だった」「育児放棄された」など、家庭に原因があるとか、学校で虐められた、立ち直れないほど侮辱された、などの幼少期の体験という具合です。

こうした経験が、権威ある人は信頼できない、年上の女性には心を開けない、愛とかよくわからない、など人生に影響を及ぼしていると分析できます。


しかし、ではそれをどうしたらいいかということが、痛みの記憶にはわからない（答えが出ない）のです。だからこそ癒やしが難しいと言われ、専門家がいて癒やしの手伝いをしてくれたりします。

それでもなかなか現実が動かず、癒やしができていないとされるときには、別の原因を探したり、最後には素直になれないあなたに問題があるのでは？　という本末転倒の結論さえ出されてしまったりすることもあるわけです。

これでは救われるどころか、余計に傷が深くなり歪んでしまいます。

自分が他者に怒りを感じたり、自己否定したりすることをずっと過去の傷のせいにして、それを癒やすことで自分は変わるはずだと努力してきました。

しかし実際は、自己否定を含むネガティブな感情や問題を巻き起こす言動のパターンをどうにかすること、つまり傷を癒やすことは、心神《たましい》の法則でいうところの「豊かな人生や心の平安」を実現するために、という意味ではそれほど重要ではありません。

問題をどうにかしようと解決策を探し、学び、実行していくことも大切ですが、本当に重要なのは、まず「自分は負の感情を持って生まれた生き物なのだ」と、原因を誰かのせいにせず受け止めること。

それと同時に「これを癒やすんだ！」と決意することです。

決意しない間は、本当の意味で神を見出すことも、また助けてもらうことも不可能なのだと、私は体験しました。

自分の人生を誰かに助けてもらいながら、実行するときに邪魔するのは、他ならぬ自分自身です。何かをするたび、何かをしようとするたびに常に邪魔をするのは、他の誰でもなく痛みの記憶である自分。

このことを聞いて、邪魔をしている自分をなんとかしようとしても、それもまた邪魔するのです。本当にややこしいですね。

∮

誰かに怒っているとき、あなたは怒っている人でもありますが、それを「観察している目」であることもできます。また、それを癒やすのは怒っている自分ではなく、心神《たましい》の自分です。自分は三位一体だと知って、心神《たましい》に委ねていきます。

私たちは地上で、これを繰り返して生きていくのだと認識することが決意です。

今まで孤独を感じ、自分一人で頑張ってきたと思い込んでいた人ほど、選択次第で人生がどんどんと変わっていきます。

こんなシンプルな叡智で、あなたは自然と変わってしまいます。

これを奇跡と呼びます。

ある人にこの方法をお伝えしたとき「そんな簡単なことで……、ズルをしているようでちょっと……」とおっしゃいました。

なんだか笑ってしまいましたが、本当にそういうことなんです。

ズルなんかじゃありません。これが本来の生き方なのです。

その証拠に、とてつもない抵抗が度々やってきます。そしてそれを毎回乗り越えていくのが私たちの人生。このことを実感しながら、そこにコントロール不可能な人生が、面白いように変化していく奇跡を見ることになるでしょう。

人を受け入れるコミュニケーション

「お互いに、相手のありのままを受け入れていくと、共に成長することができるのでしょうか。あの身勝手な言動をし続けるのを見ると、痛い目を見るような気がして、直したくなるんですけれど」というような質問をいただくことがあります。

結論から述べますと、相手をそのまま受け入れると、その人の成長を助けるという奇跡的な効果があります。

私たちの親は、自分たちが望むような人間に成長させたいと思い、ありのままの私たちを受け入れてくれないことが多いです。それは親が思う幸せの形に入れたい、という親の愛情です。

これは親が悪いのではありません。

この世では、自分で自分を守って生きていかなくては幸せになれないと思っているからこそ、子供に自分を守れる武器を持たせたいと思うのです。

世知辛い世の中しか知らないから故の、親の愛情です。

私たちが心神《たましい》に気づき成長できなかったのは、やはり痛みの記憶があらゆる場所で増幅しすぎたせいだと言えそうです。

人を受け入れるというのは、なんでもかんでも言うことを聞くということではありません。また何も言わずただ笑っているということでもありません。

何事においても言えることですが、大切なのは外側に出てきた言動そのものよりも、その言動の基になるエネルギー（思考）です。

誰かを変えようとして批判するなら、それは痛みの記憶の発言になります。

痛みの記憶の発言はどんな内容であれ攻撃的なため、相手は罪悪感や羞恥心で萎縮してしまいます。

誰かを変えようとするとき、自分が相手を裁こうとしていることに気がつけると、基になるエネルギーが変わってきます。

まず深呼吸して、裁きたい気持ちを癒やして欲しいと心神《たましい》へホウレンソウしてください。その後でもまだ相手に何かを伝えたい気持ちがあるようだったら、そこから流れるエネルギーはどんな言葉を使おうとも、心神《たましい》からの言葉となり、愛を伝える波動になります。

心神《たましい》を通した私たちのエネルギーからは、攻撃性がなくなります。

そして、相手をサポートするというエネルギーへと取って代わります。

伝え方を工夫した努力の結果としての言動の変化は、心神《たましい》を通していないので愛のエネルギーは出てきません。それがどんなに「あなたのことを思って」の発言だとしてもです。

内側にある「あなたを変えたい」という攻撃を笑顔と甘い言葉に変換させても、どんなに感じの良い言葉で隠しても、そこに相手をサポートする奇跡は起きません。

私たちが痛みの記憶のエネルギーでコミュニケーションをするとき、相手の中にある痛みを呼び出します。

心神《たましい》を通してのコミュニケーションは、パワフルに私たちを正しい人間関係へと導いてくれます。

愛を伝えるというコミュニケーションで、沈黙が強烈な愛のコミュニケーションになることを経験したときの話をしましょう。

私は幼い頃から「いらないことをする子」でした。

基本的に楽しいことにしか興味が湧かず、期待されても応えることはできなくて、両親のがっかりした顔ばかり覚えています。

集中力が続かないため、忘れ物だらけで学校では先生に怒られ、友達にも馬鹿にされ、相手にしてもらえないような子供時代を過ごしました。

そんな中で、私が自分を保っていられたのは、祖父のおかげです。

だらしない私がした失敗の数々。

周りも私が原因だと知っていたし、私自身も自分が原因だと知っていました。

私にとっては逃げ場のないどうしようもない状況のとき、ただそばに、何も言わない祖父がいたからこそ、立ち直る機会を得ることが何度もありました。

それに気づいてからというもの、祖父には本当に感謝しています。


もちろん、両親や先生や友達が悪いという話ではありません。

親が子供に期待したり、困らないようにしつけをしたりするのは当然です。

また、怒って当然の失敗を私がし続けていただけですし、自覚していました。

誰かのせいにできればよかったのですが、誰のせいでもなく自分のせいだとわかっていたからこそ、心が折れそうだったのです。


私たちが誰かに何かを伝えるとき。

大切なのは「何を言うか」ではなく「どんなエネルギーか」ということです。

言葉を発する前に、そこに流れるエネルギーが否定批判なのか、愛を感じるものなのかで、何が伝わっていくのかが決定されます。

裏切られた時

人との関係にはいろんなことがありますが、もう誰も信頼しないと思うような出来事も起きるものです。その一つが裏切りです。

裏切りというのは、実際に自分の身に起きて初めて、その凄まじい破壊力を理解できます。裏切った相手が信頼していた人ほど、その苦しみは例えることができません。もっと言えば「裏切る」には先に信頼が必要です。

裏切りというのは、信頼している人によって行われる最悪の行為と言われます。

他者から攻撃されたとき、苦しみに耐えるのが精一杯の状態に追い詰められたとき、私たちはどうすればいいのかというと、まずはすぐに行動に移さないということです。

三日だけ待つという我慢と勇気を、心神《たましい》へ依頼してください。

何を言っているのかと思われるかもしれません。

友達や信頼していた人に裏切られたり、嘘をつかれたりしたとき、自分を守るために逆襲したい、ギャフンと言わせたい、謝らせたいという誘惑が本当に強烈に強いものだと、私も十分承知しています。

ただ、その「スッキリするぞ」という誘惑に乗っても、思ったような結果は出ないということは、体験したことのある方はご存じではないかと思います。


そんなときこそ、心神《たましい》の力を借りましょう。

私たちの心神《たましい》は、どんな攻撃にも対処することができる唯一の存在です。

「わたしはここから一歩引いて、心神《たましい》の導きに任せよう」と心神《たましい》に依ることで、私たちは思いがけない力を得ることができます。


大きく傷ついたとき、自分の核と言うべき心神《たましい》にしっかりと結びつくというのは、意識しないとできないことであり、また勇気がいることです。

自分を冷静に見る第三の目の力も必要です。

ですが、相手に逆襲すればするほど、自分自身が痛みの世界の住人となり、そこでドラマの主人公の如く怒りの炎を掻き立てられ、最終的に精根尽き果ててしまう結果になるだけです。

「それでもいい、相手に一泡吹かせないといられない」という場合、止めはしませんが、あまりお勧めもしません。

なぜなら、自分の心を心神《たましい》へと解放するだけで、心神《たましい》は私たちの周りに不思議な壁を作り、そんな混沌とした痛みの世界から私たちを守ってくれるからです。

私たちが何か大切なものをなくしたとき、裏切りにあったとき、人生の危機的状況にいるときに、できる最大で最速の解決方法。

それはただしばらく静かにして、自分が誰かを思い出し、自分の心神《たましい》へと助けを求めることです。

そのとき、私たちにパワーが戻ってきます。

結婚について

人間関係、他者とのコミュニケーションについて、心神《たましい》なしではうまくいかないという話をしてきました。

心神《たましい》は結婚にも、もちろん同じように働きかけますが、その前に結婚とはどういうものなのかを少しお伝えしたいと思います。

同棲していたときはとてもうまくいっていたのに、結婚した途端に関係が破綻したということをよく聞きます。

1990年代に話題になった「成田離婚」というのもその一つで、夢のような結婚式を挙げ出発した新婚旅行中に、二人の関係が破綻してしまうというもので、現代ではスピード離婚とも言われているようです。

他の全ての場合と同じように、結婚も痛みの記憶によって利用されることがあれば、心神《たましい》によって使われることもあります。それはどうやって決まるのかと正解を探すかもしれませんが、これという決まった方法があるわけではありません。

結婚という関係は、二人の選択によって大きく変わっていきます。

∮

最近は特に、結婚は神聖なものではなくなりました。

これは、約束が約束でなくなってしまったということであり、痛みの世界という制約の中で、二人の関係が安全ではない脆いものになってしまったということです。

そもそも結婚という関係は、お互いが怒り狂い怒鳴り合っても、互いの醜さや弱さを素直に出しても、その部屋から出ていかないという約束をすることです。

結婚式に誓いの言葉というものがあります。

〝健やかなる時も病める時も、悲しみの時も、富める時も貧しい時も、妻（夫）を愛し敬い、慰め共に助け合い、命ある限り真心を尽くすことを誓いますか〟

ここに結婚という関係の全てがあります。

痛みの記憶を癒やすという目的のために、親密な関係になればなるほど、言動が辛辣になりがちです。

自分の奥から湧き起こってくるいろんな感情を出しても安全なのだという約束があって、結婚という繋がりを持ったということになります。

これができなくなってしまったのは、自分が何者なのかを忘れてしまったからです。心神《たましい》を見出すことのない結婚とは、我慢と依存、怠惰と惰性の関係性から出ることができません。

結婚とは心神《たましい》へと繋がる道です。

心神《たましい》へと繋がる道である結婚は、神聖なものだと言われたのです。が、最近は心神《たましい》という概念がなくなってしまい、結婚の目的が、痛みの記憶の傷をなめ合うためのものになってしまったが故に、結婚制度そのものが崩壊しそうになっています。

他の全てについてと同じですが、結婚という関係を成功させる鍵は「心神《たましい》の存在を自覚すること」にあります。

結婚を心神《たましい》の目的のために使おうと決心し、選択することです。

できるかどうかを心配することはありません。

ただ心神《たましい》へと意識を向け、日々ホウレンソウする生活をするだけで、二人の間の認識、思い、感情、行動が導かれていきます。

一点、知っておいていただきたいことがあります。

それは「逃げない約束」をしたからといって、肉体的、精神的な暴力に耐える必要はないということです。

それらのどこが正常で、どこからが異常なのかという線引きはできませんが、心神《たましい》に寄り添ってもらいながら、決断してください。

私自身、ＤＶの元夫から逃げることができない経験をしています。

これも痛みの記憶の思考の一つで、顔や体を殴られて青痣だらけで、奥歯も欠けてボロボロになっているにもかかわらず、

「あの彼を理解してあげられるのは私だけだ」と、本気で思っていました。


いろんなことに耐えられなくなって心が壊れてしまい、自分が何をされているのかを考えることができないようになっていた気がします。

他にも「あの人から絶対逃げられない」と思い込んで、怯えて行動できなくなってしまう方がいるようです。そんなことはあり得ないのに　心が壊れてしまうと普通の思考ができなくなって、本当にそうなのだと思い込んでしまいます。


家庭、夫婦という関係性は、密室の中の関係性です。

そして、与えることは受け取ることと同じと言われます。


相手に奉仕するというのは、自己犠牲によってではありません。

自分が欲しいものを手に入れる努力をするように、相手の欲しいものも一緒に努力して手にしましょう、ということです。

例えば、相手を幸せにするためには、自分が欲しいものを我慢しなくてはならないし、夫婦なら当然なのだと痛みの記憶は思っていますが、そうではありません。全く違います。

結婚という関係においては、彼のために、または彼女のためになることはなんだろうと考えるのではなく、「二人のために良いことは何か」と考えることです。

心神《たましい》はどんな状態であっても、助けを求めれば必ず介入してくれます。

それは「誰かに相談しようかな」という小さな思いつきという形かもしれません。

愛と恐れと許し

最近、機能障害を起こしている家庭で育ったという人の話をよく聞きます。

私たちは、まず両親を通して世界を作り上げます。母親は大人の女性の基本イメージになり、父親は大人の男性の基本イメージとなることはよく知られています。

そしてそれが人生をダメにするブロックであると言います。

確かにそういうこともあるでしょう。でも、ちょっと考えてみてください。今時、機能障害のない家庭で育った人などいるのでしょうか？

この痛みの世界そのものが機能障害を起こしているのです。

もちろん大なり小なりはありますし、良い家庭で育ったという人も、もちろんいます。しかし、家庭ではそれほどではなかったとしても、学校や社会に出れば、凄まじい負の世界が広がっていることに、誰でも気づくはずです。

私たちには、できることとできないことがありますが、痛みの記憶は分けて考えられません。全部自分でなんとかするか、何もできない自分をダメな人間だと思うことしかできないのです。

あなたの人生を左右する力がある心神《たましい》が、もし喋ることができたら、「あなたの人生をより良くしたいけど、あなたのお母さんがひどい人だったから、もうどうすることもできない。自分で頑張って抜け出たら人生を導くよ」と言うでしょうか？　それはあり得ません。


自分の人生がダメになっているという現実があるとすれば、それは親を含めた他の誰かのせいではないのです。

そしてもちろん、自分のせいでもありません。

あなたが何者なのかを誰も教えてくれなかったからです。

ただ、心神《たましい》という本体を忘れてしまっていることに、気づけないような時代になっているからです。


もしこんな風に思えたとすれば、または、この考え方に深く同意できたとしたら、あなたは間違いなく出口に立っています。

こうした話は、痛みの記憶にとっては全くもって聞きたくないことです。痛みの記憶は、世界には苦痛があると宣言し、苦痛を感じているのは当たり前だと苦痛を擁護します。

苦痛があるからこそ成長できるのだと、苦痛を大切なものだと尊重します。そして、そんな大切な苦痛を作り出し続けるのが仕事だと思っています。痛みの記憶にとって、許すなんて、苦痛がなくなるなんて、人生に負けることにしかなりません。

許しこそが地獄を抜け出すための唯一の道です。その対象が両親であれ、誰か特別な人であれ、自分自身であれ、心神《たましい》の法則は同じように動きます。

許すというのは、過去の辛い出来事とそのときの感情や思考に囚われているのを、悪いことだから忘れろと言っているのではありません。ましてや、相手の言動を許せと言っているわけでもありません。

されたことを許す必要は全くないし、忘れられないものを無理に忘れろという話をしているのでもありません。

逆に自分で相手を許そうとしたり、なんとか忘れようと努力したりしないで欲しいのです。


これらの仕事は、あなたの仕事ではありません。

あなたの心神《たましい》の役目です。

∮

「愛を選択するか」「恐れを選択するか」と、問いかけられました。

私は長い間、それがどういうことなのかよくわかりませんでした。

愛というのは、自分の中の心神《たましい》（神であり愛）であり、愛を選択するということは、自分の心神《たましい》を選ぶということ。つまり人生を全て心神《たましい》へと委ねてしまうということです。

恐れを選択するとは、今までと同じように、自分一人で試行錯誤して生きると選択することです。それは心神《たましい》(愛)を知るまで、全員が選択不可能な無意識の生き方です。

愛を選択しましょうということは、痛みの記憶も心神《たましい》も、どちらも自分だと受け入れたうえで、双方の役目と仕事を理解し、どちらに依って生きるかを選びましょうということです。

痛みの記憶が愛だと思っているもの（道徳的な優しさや、相手を許すこと、またポジティブな波動にだけ意識を向ける、エゴを排除するようなこと）を選ぶということではありません。

心神《たましい》を信頼し、委ねて生きることを選択し、実行することが愛を選ぶことです。

私の経験でもあり、また多くの人が体験していることですが、愛の力というのは本当に素晴らしく、誰しもが認めるものです。
人は愛を歌い、愛に喜び、愛に温かい涙を流します。
それが愛の真実であるということはよくわかっているのですが、私たちは不満や恨み、許せない思いなどの感情を手放すことができないという状態にいるわけです。

愛を求めているのに、愛ではない状態にしがみついている現実。

世界中が恐れを土台として作られている痛みの世界ですから、自分の外側に見えるものが、愛によって一夜にして変わってしまうということはありません。
しかし、自分から始めることができます。

痛みの世界の中で生きながらも、尊い神である心神《たましい》と一つであると思い出すこと、そして心神《たましい》と共に生きることを実践していくことで、癒やされていくものがたくさんあります。

誰も皆、抱えている恐れがあって、それはいろんな形で出てきます。

一見みんな違うように見えることでも、全く同じ方法、つまり心神《たましい》に依って生きることを選択し、実践するだけで、心に緊張のない安らぎが生まれます。

その安らぎは、何物にも変え難いものです。

私たちの心を救い、命を救い、あなたの思うようになりますようにと、心神《たましい》へホウレンソウしてください。

「わたしは許すことも、忘れることもできません。
だからあなたがわたしの代わりに許してください。
そして許せないわたしも同じように許してください。
忘れることができるものは忘れられますように。
そして忘れられないものは、受け入れることができるように導いてください」

許しは自然と起き、そこに奇跡を感じることでしょう。

仕事について

成功と能力

仕事での成功といえば、より多くのお金を得ることや、自分の能力が発揮できる職業に就くことが挙げられます。

ところがこれが成功定義だとすると、成功できない人が出てきます。

この定義は、仕事で落ちこぼれができてしまうシステムだということに、そろそろ気づく必要があります。

能力主義、結果主義などと言われるこの世界で、成功することだけが仕事の目的になると差別や格差が生まれます。この格差社会で勝ち上がることが人生の目的となってしまうことで、さらに人生が辛いものになると感じる人が増えてしまいました。

新しい価値観での仕事の成功は「どれだけ親切にしたか」ということを指すようになります。

仕事は、単にお金を得るための手段であり、自分を満足させる手段であるだけでは辛いものになってしまいますが、そこに「どれだけ親切にするか」という価値観を入れていくことで、驚くほど人生が変わるのを体験します。

どんな仕事であっても、そこに「親切にする」という価値観を入れて仕事に向かってみるときに、あなたが体験するものが心神《たましい》の世界での成功です。

実際やってみるまで、よくわからないかもしれません。

どんな仕事でもそれは可能ですし、それこそが、私たちが仕事でやらなければ「もったいない」ことです。

∮

現代は、生活を支えるため、生きるためにお金が必要です。

仕事はそのお金を得る手段であり、生きるために不可欠なものですが、私たちが生まれた目的とは直接リンクするものではありません。

肉体は、生まれた目的である「愛を増やす」ために必要なのですから、その肉体を健やかに育むためのお金は不可欠です。

ただ、仕事によって自分が得るお金の多い少ないや、精神的また肉体的に虚弱である、または不自由があるということと「愛を増やす」という目的を生きることは、繰り返しになりますが、直接リンクしていないということです。

誤解を恐れずに極端に言えば、悟ることと仕事（お金）は別のものだと言えるのですが、お互いが支え合っているものでもあるので、バランスが大切です。

このバランスについては、一人ひとりが自分の心神《たましい》と寄り添って生きることで答えが出てくるもので、プライベートな体験です。

従来の成功定義に則って、なんとか仕事を有意義にしたい、せめてやる気と達成感が欲しいと願ってスピリチュアルな意味づけをしがちですが、そこにいる限り私たちは、その成功定義の世界、能力と結果主義から出ることはできません。

端的に言えば、そのままではお金に対する不安や自分の価値を求めている世界から出ることができないということです。

ではどうしたらいいか。


まず私たちにできることは、この人生で仕事を含め何をするかを自分が決めることはできない、ということを理解することです。


自分の立ち位置が受け入れられたら、次に心神《たましい》と共に生きるほうへ移行すること。

「わたしが何をすべきか、あなたに全部お任せしますので、できるだけわかりやすく明らかにしてください。わたしがわからないことであれば、わからないことを受け入れて生きることができるように助けてください。よろしくお願いします」

と、心神《たましい》へ依頼することのみです。

不思議なことですが、自分で人生のハンドルを握るのをやめると、そこに道が見えてきたり、いつの間にか導かれたりするような経験をし始めます。

人によっては、心神《たましい》にキャリアを任せてしまうなんて怖くてできないかもしれないなと思います。特に目的や目標を持って頑張ってきた人ほど、嫌だという感情を強く感じるのではないかと想像します。

例えば、ピアニストになろうと幼い頃から頑張ってきた人が、心神《たましい》の道標が事務職だったらどうしようと怯えるのは当然ですよね。

でも、よく考えてみて欲しいのです。

自分自身でもある心神《たましい》が、そんな不理屈なことを指示するでしょうか。

そしてさらに、逆方向でも考えてみてください。

もし努力してきたピアノの道ではなく、畑違いの事務職の道を示されたとしたら、それはとんでもなく「事務職としての才能」があるということになります。
普通ではなく、「とんでもなく」です。

その場合は、事務職に転職することで、やりがいと充実感を手に入れ、さらには仕事として大成することになるでしょう。
それでも、どうしてもピアニストになりたいという願望から離れられないのであれば、ピアニストの道を歩みチャレンジすればいいのであって、囚われる必要はありません。

ここでお伝えしたいのは、心神《たましい》に任せてしまうことで得をすることはあれど、損をすることは一切ないということです。

私たちが生きていくのに一番大切で楽なことは、三位一体で生きることとです。痛みの記憶一体で不安を抱え、努力し続けて生きる必要はないということを受け入れて、人生を逆転させてください。

私たちが救われる秘訣は、今までの目的の意識、価値観を転換することにあります。他の人との関係、仕事、身体的な問題まで含めて、心神《たましい》と共にすること。心神《たましい》の目的である「愛へと還る」ために人生を委ね始めると、奇跡的な人生を体験することになります。

どんなときでも、心神《たましい》に委ねることを意図して意識的にすること。

お金も心も満足できる仕事に巡り合いますように、と神に祈るのではなく、「自分という人間の素晴らしさを体感できるよう力を貸して欲しい」と、依頼することが重要です。

「わたしが生まれた目的を思い出させてください」

「自分が三位一体であると信じられるように導いてください」

「どんなことも親切にできるようにしてください」


こんな単純な言葉で大丈夫です。

心神《たましい》と生きることを意図的に意識することが、人生に奇跡を引き起こす。

これはとてもシンプルでパワフルな生き方となります。


多くの人は、仕事に対してお金と能力の発揮以外に目的があるとは考えません。

だからこそ嫌な仕事をすることに意味づけし、どうやって成功するか、どうやって豊かになるかにエネルギーを費やしています。

このエネルギーが作り出す光は、霊的に言えばとても弱いものです。


新しい時代が展開していく今後、微弱な光しか出せないものに対する宇宙の許容は、ますます薄くなっていくと感じます。

個人的な力

一人ひとりが内側に秘めている力は、人生と真剣に取り組むときに顕著に現れ、強い光となります。それは自分の中に愛と愛ではないものがあるという事実を、どれだけ真剣に受け止めるかということでもあります。

その度合いに比例して、心神《たましい》も私たちをさらに受け止めてくれるようになります。真偽はともかく、このような受け取り方をすると変化は起きやすいものです。

よく、自分が良い人間になったら、神様に色々とお願いや依頼をしようとする価値観を持つ人がいます。

外側の神様に向かって祈るときはそれでもいいかと思いますが、自分の核である心神《たましい》に対して、そんな体裁や良い人間になる必要はありません。

自分で頑張ってできる限りの努力と計画を持って人生を立て直し、清く正しく美しくなってから、心神《たましい》に心を許すのは間違っています。

ダメダメのまま人生をそのまま委ねる

ダメダメのまま、心を開く。

私たちはそうすることで、全てがうまく動き始めるようになっています。


うまくいかないときももちろんありますが、そんなときこそ心神《たましい》と生きるという意識を強く持つのが肝要。必ず抜け出せるヒントが手に入りますし、何よりもまたそこで奇跡体験ができる可能性があるからです。


「人は皆偉大な力を持っている」

よく言われるこの言葉は、「わたし」ではない自分の力を指しています。

私たちは、自分の中にある、

「愛ではない選択をしてしまう自分」

「人と比較して恨んだり妬んだり、いじけてしまう自分」

「不平不満ばかりに目がいく自分」という痛みの記憶を持っています。

そしてその小さな一片を、いちいち大きな問題にしてしまい、痛みの記憶が感じている問題を解決解消することが人生の目標になってしまいます。

この状態が、「自分を見失っている」「自分の力を見失っている」ということです。

∮

本当の自分というのは、三位一体です。


いろんな側面を持ちながらもそれを許してくれる存在もまた、自分の中にいます。

自分の中にある偉大な力とは、人より秀でた能力や才能のことではありません。

比較から生まれる誰かよりも、特別な何かを持っているということでもありません。

自分の中の雄大な力とは、自分自身を思い出し、静けさの中で心神《たましい》と共に生きる日々の中で自動的に手に入ってしまうものです。

「そんなことはどうでもいい。素晴らしい力とは、人に評価され、人に認められ、毎日が楽しい人生になる特別なものなのだ」と、痛みの記憶は囁き続けます。
その囁きもまた、自分の一部。
「ああ、本当にそんな世界があると思っちゃうな〜」と、静けさの中でその声を捉え、心神《たましい》へと報告すればそれでいいだけです。

シンプルな真実を隠し、もっと良い真実があると囁き続けるのを、またキャッチしては心神《たましい》へと報告する。

この繰り返しこそが、あなたが持つ偉大な力を使って生きることとの真髄です。
痛みの記憶にしてみれば、そんなことは偉大な力でもなんでもない、とまた囁くでしょうね。

∮

私たち一人ひとりには、心神《たましい》が計画したものがあります。

心神《たましい》という存在が自分の核であり、自分の人生を決定しているのだということに心を開き、受け入れるにつれて、ブループリントと呼ばれる人生の計画を生きることがより楽にできるようになります。

心神《たましい》の計画の中で生きるようになると、私たちが持ってきた様々な贈り物が溢れ出し、自然に表現され始めます。

そうなることで、何事であっても楽々と動くことができるようになります。

心理的にも、感情的にも、どうしてもやりたいという深い欲望を感じたら、私はなんでもやってみるべきだと思います。

深い欲望というのは、それが本来の道、ブループリントにあろうとなかろうと、どうでもいいと思ってチャレンジしてみてください。

それが必ず次に繋がる道になります。

どうしてもそれがやりたい！　という欲望とは言い難いけれども、何となく感じたこと、忘れようとしても忘れられないようなこと、何度やめようとしても誰かが誘ってきたり、なぜかそっちへそっちへと流されたりするような出来事が続くことがあります。

それは私たちの根源からの衝動で、輝きだす源になることがままあります。

私たちの本当の力は、思考で計算し、損得を勘定した合理的結果で起きるものではありません。

同時に、今まで頑張ってやってきたからといって発揮されるとも限りません。

私たちの奥にある一人ひとりの個人的な力は、心神《たましい》の領域であり、また贈り物なのだと認識することで、より強く使えるようになります。

お金について

お金というのは実際、とてもシンプルな役割のものですが、同時にとても難しいものでもあります。

お金

古の時代、人は必要なものを自分で作りました。

そして多くの人と協力して生活を支えていたのです。

生きていくための知恵を互いに出し合い、またその中で自分ができるものを作り交換することで生活し、命を繋げてきました。

野菜と魚を交換したり、服を作れるものは服と食品を、山へ柴刈りに行くものは燃料となる柴と農機具を、医療行為と食品などという具合です。

仕事は命に直結したものであり、好きだ嫌いだ、向き不向きなどと言っていられない、大切かつ大変なものでした。

そんな仕事が大きく変化したのは、必要なものはお金で買えるという便利なシステムが生まれたところからです。そして、買えるという選択ができる時代から、どうしてもお金で買わなくてはならない時代へと突入しました。

今、ライフライン（生命線）は全て、お金によって手に入れなくてはなりません。それ以外の選択ができないようになってしまったために、過去に前例がないほどお金の価値は重要で高くなっています。

生命を維持するために薪を取りに行く必要はなくなりましたし、大変な思いをして田畑を作る必要もなくなりましたが、その代わりにお金が必要になりました。

いまやお金こそが、命を繋ぐものです。

私たちは生きていくために、田畑を耕す代わりに仕事を見つけ、お金を得る必要があります。

お金とは「生命維持するための必需品である」という、とてもシンプルなもの。
同時に、お金さえあれば、ある程度のことはなんでもできてしまいます。

痛みの記憶を持つ人間にとって、それさえ手に入れればなんでもできてしまうとても甘美なもの、魔法のようなものに見え始めます。

お金を得ることだけを考えた仕事をしていると、他者のことを考える余裕がなくなっていき、しまいにはそんなこと気にするほうがおかしいと思うようになっていきます。

物々交換のときは、喜ぶ相手がいなければ、自分が欲しいものと交換できませんでしたから「みんなは何が欲しいのだろうか」と考えることが重要でした。
それがお金でなんでも買える時代になり、他者のことなど関係なく、ただ自分の欲しいものを手に入れるための物質になっていきました。

自分が利を得たい、というのは悪いことではありません。
が、それだけに囚われてしまうと、心が心神《たましい》と離れてしまうようになります。

自分の利を得るために、心神《たましい》は必要ないからです。それよりも大事なことがたくさんできてしまうから、です。

自分の利益ばかりに集中すると、いつの間にかさらに一人孤独な状態へ進みます。愛のない状態であり、仕事の項目でお伝えした「親切にする」という新しい価値観が全くない、惨めな人生となってしまいます。

新しい価値観を受け入れないままの愛のない状態になると、その視点はさらに外側のものに集中します。失敗を恐れ、欲しい物をたくさん持つことが豊かさであると信じ、さらにお金がたくさん必要だと感じ、より愛のない仕事をし続けます。

自分を見失う中で、ストレスの塊となっていきます。

他の全てと同じように、どんな目的を持ってどこに意識を向けて生きるかによって、お金への意味づけも変わります。

痛みの記憶は常に満足できず、さらに欲しがるけれど、欲しがることにもまた罪悪感を作るという救われない思考をし続けます。

どこまでいっても、これでいいのだと思えない質を持つからです。

豊かさと成功はお金の多さによると信じているのに、お金を欲しがるのは悪いことだ、お金に対しての欲望は恥ずかしいことだと思ってしまうために、その欲望を認めることができず、そんなものはないというフリをしなくてはなりません。

痛みの記憶主体で生きる限り、欲しいのに欲しがるのはダメだという矛盾を抱えて生きることになります。

富に対する価値観は、痛みの記憶の特徴が現れやすいものです。

常に富に憧れながら、ぜったいに手に入れないようにしてしまうのです。

若い頃の私は、自分が貧しいからこそ、貧しい人を差別するような恥ずかしい人間ではないと思っていました。そして、貧乏なのは正しい生き方をしているからだと思っている節があり、そんな自分は正しいと思っていました。

今振り返ってみると、その考え方の裏には、自分はお金を儲けようと努力してもどうせ失敗するだろうという、自己不信と恐怖が沈んでいた気がします。

貧しい人には、同情よりも現金が必要です。

貧しいことは純粋でもなければ、尊いことでもありません。

それに貧しさや豊かさにスピリチュアルはあまり関係ないように思います。

実際、とても裕福でスピリチュアルな人もいるし、逆に貧しくてもスピリチュアルには程遠い人がたくさんいます。

心神《たましい》の法則では、私たちは愛であり愛ではないということを受け入れることから始まる、と口酸っぱく繰り返しています。

さらに、今この人生を生きているのは愛を知らない一部だけだ、という事実を受け入れることで、意識が自動的に変化していくとはっきり伝えています。

お金に関して言えば、私たちはお金を「わたしの努力」や「わたしの幸運」の賜物だと思うのではなく、全て私の心神《たましい》のものである、と考えてみるとわかりやすくなるかもしれません。

∮

お金に対して責任ある態度とは、自分のところに来るお金にオープンな気持ちを持つことです。

心神《たましい》が望む限り、生きるためのお金は必ずやってくると信頼していくことが、心をオープンにするということです。

もし、お金に対して罪悪感や、お金が入ってこない障害があると感じるときは、「お金はあなたが受け取ってください」と、心神《たましい》へ頼ってしまうのがオススメです。

お金について覚えておく大事な原則の一つの中には、自分が受けたサービスに対して支払いをすることはとても大切なことだ、というものがあります。

自分が支払ったお金は、誰かが生計を立てるためのものになります。

みんなが仕事をするのは、自分と同じようにお金を必要としているからです。

それに対して出し惜しみをするというのは、自分自身に対して出し惜しみをするようなものです。

∮

私たちはどの意識で生きるのかを、どんなときも選択していることを思い出してください。

お金に対しても、お金は心神《たましい》のものとして扱うか、自分の労力の対価として扱うかで「生き方」が変わります。

私は昔、とても金利の高い負債を抱えたことがあります。

二度目の結婚をした夫が作った借金を、彼が「一人で返済したほうがいいから」と言って、再婚することを前提に計画的に離婚しました。

ところが、なんと私名義でも借金が発覚。離婚後、来るはずのない返済の取り立てが私のところに来始めました。

元夫も家族の未来のために頑張っているのだから、となんとか返済してましたが、借金が理由で離婚しているため、彼からの養育費もなく、さらに中卒の私ではパート仕事をどれだけ頑張っても、返済どころか普通の生活さえままならない状態になってしまいました。


そんな苦しい状況から逃げるために私がとった方法は、罪の意識を背負いながらも、請求書を引き出しの奥に仕舞い込んで忘れてしまうことでした。

その中には、電気やガス、水道というライフラインの請求書も入っていました。

当然、電気を止められることが多発し、子供の給食費をそのまま電気代にあてて凌いだこともあります。取り立ての電話が怖くて、電話恐怖症にもなりました。

もうその辺から全て見ないことにしていた気がします。見ないことには終わりません。より大変になっていくのはわかっているのですが、正常な判断ができないほど、心が壊れてしまっていました。

なぜ私ばかり、と恨んでは現実から逃げる。

こんな風に恐怖から始まる思考パターンのままでは、残念ながら心神《たましい》からのサポートは入りにくい状態です。

借金で苦しんで、心が壊れるほどの生活苦の中でやりくりするような、人生を失敗した人をなぜ心神《たましい》はサポートしないんだ、と思う人がいるかもしれませんが、全くそういうことではありません。それこそ、恐ろしい誤解です。

失敗したことがダメなのではなく、立ち上がるために必要なことから逃げる人には、サポートが入りにくいということです。

金額の多い少ないは関係ありません。

未払いのお金があるならそれに正面から向き合う。

そこからサポートが始まるので、なんとか前に向かって欲しいところです。


向き合うのが怖いときは、それも心神《たましい》にお願いしてください。

「わたしが逃げていることは重々承知しています。でも怖くて向き合えません。どうか助けて欲しい」と、心からサポートをお願いしてください。


未払いの相手からも逃げないこと。

適切な相手であればきちんと謝罪し、返済計画を立てていることを伝えて、その月から実行していくことで流れに乗れるようになります。

長続きしないような無理な計画は立てないように、月に数千円からでもいいです。

大切なのは返済しようとする誠実さです。

相手によっては間に人に入ってもらったり、行政機関に入ってもらったりすることで、よりはっきりと自分のすべきことが見えてくるでしょう。

ここまでくると、本当に不思議なことですが、お金の返済が始まってもいないのに、立ち上がるきっかけが生まれたり、助けてくれる人と巡り合ったりという奇跡が起き始めます。

私の場合は、助けてくれる人が現れました。

まずは、どんなことがあっても支払おうと自分が決めたところから始まり、数ヶ月ぶんが重なりすぎて金額が大きくなっていた健康保険料や、生活のための光熱費のお金を貸してくれる人が現れました。

さらに高い金利の借金が過払いではないか？　と教えてくれる人が現れ、間に立ってくれる人にお願いして、なんと十五万円ほどのお金が戻ってきました。

私の地獄のような借金生活は、本当に一年ほどで清算できました。

物理的な奇跡というのは、私の体験で言えば「人との出会い」によって起きました。その出会いを引き寄せるのは自分の努力や運ではなく、「心神《たましい》」によってだと強くお伝えしたいのです。

ほとんどの人が、お金について色々問題を抱えていると思います。
私のように現実的に必要なお金が不足しているという人から、銀行にお金があるにもかかわらず、未来のためのお金が足りないと思ってしまう人まで、本当に様々な問題を抱えているものです。

その多くは、過去に苦労して生きてきた痛みの記憶の「負の記憶」の強いメッセージによって自動的に起き続けるもので、あなたのせいではありません。

お金は汚いことをした人がたくさん持つのだとか、手に入れるのはとても難しいとか、お金は使ったらなくなってしまうとか、お金というのは諸悪の根源だから通貨がなくなってしまうことが平和になることだとか。
こうしたことは痛みの記憶の中で経験して培った記憶であり、それは過去の記憶で経験した価値観でしょう。

そこから抜けようとすることを称賛する説もありますが、それは徒労に終わります。だって、その記憶は私たちの一部であり、死ぬまで離れることのないエネルギーだからです。

ではどうするか。

私たちにできるのは、心神《たましい》へと報告連絡相談することのみです。本当に笑ってしまうほど、私たちにできることはいつも、それだけです。

「わたしのお金は全てあなたのものです。
借金をどうやって返すかもあなたに全てお任せします。
その方法をわたしにわかりやすく伝えてください。
自分を通して全ての出来事があなたの思うままになりますように。
そしてそうなるように導いてください」

祈りというより、奇跡を起こす言葉だと私は思っています。

魔法と奇跡の違い

目標を掲げるのはとても大切です。新しい人生を始めるには、その目標を魔法の目標ではなく、奇跡の目標に向けると決めることが大切です。

目標を設定することは夢を叶えることになると言われます。

ウィッシュボード、夢ノートや夢日記という名前が有名でしょうか。

そうしたものを使って、自分の願望を文字にしたり、映像として何度も見たりすることで、意識を変えていこうというものです。

これは自分が望む結果に意識を集中させ、その過程をきちんと形にするという方法です。思考を現実化させる方法だとされ、特にスピリチュアル界隈では有名になっています。最近では本屋さんに並ぶスケジュール帳でも、そうした願望達成に特化したノートもよく見るようになりました。

この方法は、確かに自分が望むものを引き寄せるための一つの方法ですが、これは魔法の手法であり、精神的成長や、奇跡を起こす方法ではありません。

魔法と奇跡には違いがあります。

魔法とは、私たちが望む結果をありありと想像し、神様に自分の欲しいものを買い物リストにして渡すものです。

奇跡とは、自分が欲しいものを手に入れたいという思考パターンから、心神《たましい》と共に生きるというほうへの転換を意味しています。

何かを手に入れたいという欲望は、今の自分の状況に飢えているということと同意語です。

自分には足らない何かがある。それを埋めるものがどこかにある。

このように信じている意識が自分の中にあることに気づかない限り、どんなに欲しいものを手に入れたとしても、心から満足することはありません。

「無い物ねだり」という言葉は本当に的を射ていると思います。

幸せになれると思っていたものを手に入れても、熱が冷めるように興味をなくして、また次の幸せの種を探し出す。

決して満足することがない状態です。


奇跡を生きる人の特徴でもありますが、どんな状況であったとしても、目標は「自分の心の平和」からブレません。

自分の人生の達成目標が「幸せになるものを手に入れる」ではなく、「心の平和」に意識を向けて生きています。


心の平和とは「心神《たましい》との繋がり」そのものです。


この繋がりを目標として設定しておけば、何が起こっても心の安定に向けて自動的に動くようになってしまいます。

それは傷つかない、感情がなくなる、ということでは全くありません。

常に心が安定し、静けさを持った観点から状況を見れるようになります。

それは心神《たましい》の決定を信頼することが土台となったとき、自然と発動するものです。


私たちは自分が望んでいるものが最善であり、自分にとって一番良いものだと思っています。だからこそ、神様に買い物リストを渡す方法をとるわけです。

私たちが失敗することで素晴らしい結果を得るという設定が、人生設計の中でされているかもしれない、なんてことは思いもしません。


失敗しないこと。それが幸せという人までいます。

これはとんでもない間違いです。


私たちは、失敗を含めた痛みを感じることがないと、本来の目的を達成できません。

心神《たましい》に依って生きるということは、人生の中で辛さや苦しさを感じなくなるということではありません。辛い感情があるときも、どこかで安心を感じるということです。

その状態こそ、私たちが平安を感じているということ。

それこそが心神《たましい》の最終的な意図なのだということがわかれば、失敗を恐れたり、足らない何かを欲しがったり、ガッカリする必要がなくなります。

心神《たましい》に依って生きるということが私たちの達成目標であれば、それは幸せになることが達成目標であると同じことです。

具体的に幸せになるにはどうするのかということを思い悩む必要はないし、神様を信じていないからきっと自分はダメだと思い煩うこともありません。

運の悪さを嘆く必要も、占いの結果に左右される必要もありません。

心神《たましい》の存在は、信じようと頑張るものではなく、何度も何度も試して実感していくことで育っていく、成長するものです。

痛みの記憶はすぐに結果が欲しいので、ちょっとやってすぐに結果が出ないと、諦めるというパターンを持っています。

心神《たましい》については、信頼をするというより信頼を育ててるんだなーと思うと、より正解だし、気分的にもいいかなと思います。

心神《たましい》のブループリント

例えば、自分の能力を生かしきれない仕事だと感じたり、嫌な人の下で働かなくてはならない不満があったり、その他どんなことであっても、不満のある職場で仕事をし続けるというのは、想像以上にストレスです。

時には、もっと出世したい、成功したいけれど、この職場では思うようにならないと感じることもあるでしょう。

こうした不満を解消しようと努力しても結果が出ず、最終的には次の仕事を探したり、または仕事だと割り切って諦めて生きたりする、という選択をしているのが仕事のやりくりの仕方ではないでしょうか。

心神《たましい》の法則は、心の平安を目的に人生を生きる法則です。

もちろんこうした仕事に対する生き方も、法則に則って生きることができます。

心神《たましい》の世界での仕事はただ一つ、愛ではないものを愛へと還すことです。

そのための方法として、自分は三つの存在であると受け入れ、この世を生きているのは愛ではない痛みの記憶であり、それを愛へと還すために心神《たましい》に依っていきましょうという提案をしています。


私たちは人生の結果をコントロールしたいと思っていますし、できると信じていますが、何度もお伝えしているように、「わたしたち」にはできません。

コントロールできると信じるようになったのは、自然の流れで生きていったら幸せになれない、なれるはずがないという思い込みがあるからです。

そして努力しない人間はダメな人間だという道徳も作られました。

運を天に任せて生きるなんていうことばかりしたら、身勝手な人間ばかりになって世界が混乱してしまうと思っているので、周りをいつも警戒し、枠から外れる人間はいないかチェックし、みんなが同じ方法で生きるように監視しています。


心神《たましい》の世界はとても穏やかな秩序の世界です。

それは人間の世界だけではなく、様々な生命を維持し常に拡大するように行動する、愛の原則の世界です。

人間界のように、個人の好き嫌いなどの感情でエコひいきすることもありません。


どちらかといえば、心神《たましい》の世界はコンピュータで算出する秩序の世界です。

例えば引力があることと同じくらい、心神《たましい》の秩序はあって当たり前の世界であり、信頼しないということはあり得ない次元の話。

心神《たましい》の計画は間違いなく運行するのに対して、自分で計画したものはあちこちで事故ってしまうような現実がそこにあります。

心神《たましい》の計画を受け取って生きるためには、自分の計画を優先しないという気持ちが必要です。

ただ、それだけです。

この世で、心神《たましい》の計画をどうやって達成するのか、ということを考えるのは私たち人間だけです。

そしてそれは「わたし」の役目ではありません。

その意識が邪魔をしているということに、そろそろ気づきましょう。

私たちの役目は、自分の核である心神《たましい》に人生を委ねて「ホウレンソウ」を続けることです。

私たちが望むと望まないとにかかわらず、心神《たましい》の意図を生きることで、結果として素晴らしい洞察力が生まれます。起きた現実に対応しようとあくせくする必要がなく、状況に応じて、自動的にギアが変えられるようになります。

具体的にすることといえば、ただただ「思いやり」を持って親切に仕事をすること。

不愉快な出来事や許せない思いが出てくれれば、それを逐一心神《たましい》へとホウレンソウして、手放せるよう願うこと。

など、今までお伝えしたことを粛々と続けることです。


「心神《たましい》の目的のために自分の仕事ができるようにしてください。

怯えることなく心を開いて受け取れるよう助けてください。

全ての結果が心神《たましい》の望むものなのだと思えるようにしてください」

と、内側にお願いしながら仕事に向かうのはとてもお勧めの方法です。


自分自身が心神《たましい》と共に歩み、仕事をする準備ができているかどうかは心配しなくて大丈夫です。最初は、仕事をするのは「わたし」ではなく「心神《たましい》」だと思ってしまうくらいで、ちょうどいい具合になります。

新しい価値観を生きるにあたって、不安になったり恐れたりするのはもっともです。そんなときも自分が何かするんだっけ、と考えるよりも、心神《たましい》に心を開くほうに心を配ってください。

心神《たましい》に今の現実的な不安や起きた出来事をホウレンソウしながら、内側が平安へと変わってしまう奇跡を感じて欲しいのです。

心神《たましい》と歩むことによって、現実が変わっていくという流れがあることを知って欲しいと思います。

必ずあなたの助けになるでしょう。

仕事の心得

現代文化の基本的な思考体系は、痛みの記憶によって支配され、自己中心的価値観によって縁取られています。

私たちが仕事をするのはお金や権力、そして名声を得るためです。このことに気づかない間は、自己中心的価値観の目的のための仕事になるとお話ししてきました。

こんな風にお伝えすると、現実的に何を目的に仕事をしたらいいのかわかりませんと言われることがあります。

スピリチュアルに生きることと仕事がリンクしなくて、どうしたらいいのか具体的に知りたいという声もいただきます。

それについてお話ししたいと思います。

もう一度お伝えしたいのですが、お金のために仕事をするのは、当然のことであり悪いことではありません。

ただ、お金のためだけに意識が集中すると、常にこれでいいのかと悩み、職場に満足できず不平不満を言い、未来が不安になり、日々楽しめない人生になってしまう働き方になります。またそれを現実だという年配の人がたくさんいて、仕事とはそういうものだと諭されてしまうのです。

金持ちになるために、物理的に豊かになるためだけに仕事をするのではありませんし、また、嫌でも生活のために、仕方なく諦めて仕事をするのでもありません。

では一体何のために仕事をするのでしょうか。

スピリチュアルに生きるために、嫌な仕事なんてやめて、好きなことだけをして、生きていけばいいのでしょうか。


好きなことが仕事になれば一石二鳥だから、なんとか好きなことを仕事にしようと躍起になるような風潮も見られるようになりました。仕事というカテゴリをとってみても、大きな時代の変化の波が垣間見えるようです。


働く動機づけとして「ワクワクすることを」という新しいものもあります。

しかしこの意味することは、働くことが大変だと思う意識を、ワクワクと素晴らしいものだと感じる意識へ変化させることに向けているような気がします。

この歪みは、新しい価値観を、古い価値観の枠の中でなんとか理解しようとしたからではないかと思います。

では、どうしたらいいか。

私たちは何を目的として仕事をすればいいのでしょうか。

そのヒントは、

「セールスするよりサービスしよう」です。


自分が物質的に豊かになることで幸せになれる、誰よりも価値ある人間になれば成功できると思って生きているのは、悪いことではありません。

そういう価値観も自分の一部であると認識してください。そうすると、そこだけに囚われている自分を、少し引いて見られるようになります。

これが第三の目が開いて自分自身を見ている状態です。


「自分の中にある負の思考や感情」を、「自分の中にある心神《たましい》」へと報告し、連絡し、必要なら相談する流れの中で、自然に新しい働き方へ導かれます。

答えは自分の中にあります。


どんなことであっても「自分でなんとかしよう」と思い悩む必要はありません。

〝自分で野心を漲《みなぎ》らせ、目的を明確にしてそこに向かって必要な準備を整え、計画し、学び、必要ならコネを掴めるよう人間関係を豊かにする〟というような、ややこしくも努力ばかりの人生を送らなくてもいいという、物凄いビッグニュースなのです。

自分のものを増やそうとする必要もないです。今までのように「自分の立場が奪われてしまう」と怯えなくていいし、自分の仕事がなくなってしまうと躍起にならなくても全く平気になります。

それはどんな感じなのか。本当に「幸せ」になれるんだろうか。

そんな疑問が出てくると思います。

私自身、心神《たましい》の法則を生きるとき、不安ばかりでしたし、今でも疑う心があります。それは当然だし、なくならなくていいものです。

それは私たちの一部です。その不安や疑う心があるからこそ、愛へと導く心神《たましい》があると実感できることを、今の私は知っています。そして、実践することで、これは誰一人落ちこぼれることなく、全員が体験できる世界であることも知っています。
心神《たましい》の法則の目的は、常に「心の平安」です。
思い悩むことなく、ただ今を生きることに集中すること、でもあります。

例えばお金がなくて大変なとき、その不安を抱えながら、それでも「誰かのために、何かをしよう」と決めて心神《たましい》へと依って生きることを実行することは、とても強烈なエネルギーになります。

実践は「笑顔」でもいいし、「ありがとう」という感謝の言葉でもいい。
頭の中がお金のことでいっぱいで、不安で辛くて逃げたくなるような一日を過ごす中で、十秒でも「誰かのことを考えてみる」ことが大切です。このことが出口になるというのは、間違いのない事実です。

こうした「ないのに与える」という言動は、痛みの記憶だけでやろうとしても苦しみになります。

どうか、できないことをがんばらないでください。

無理だと泣きそうなら、それを力にする方法を思い出してください。

心神《たましい》に依って、共に生きることです。

本来の、本当の自分に戻ることです。

自分の内側にあるものに気づくことができたら、もう次の次元へと移動し始めています。

心神《たましい》と共に生きる次元で生活する。

「わたしは今、お金が足らないことで毎日不安で押しつぶされそうです。

この不安から抜け出たいという気持ちはあります。

どうか、わたしの代わりにあなたが生きてください。

そしてわたしに『誰かを幸せにする言葉や気持ち』というものを与えてください。

わたしをここから救ってください」


私たちの仕事は献身になり、献身が仕事そのものになります。

そしてそれが私たちの成功、心の平安の世界の扉を開くものになります。

肉体について

肉体の目的

地上での私たちは、全員「痛みの記憶」を主として生きています。

肉体は心神《たましい》ではなく、痛みの記憶で作られています。

肉体を持ったから私たちは分離したなどと言われますが、実際はすでに分離している痛みの記憶が肉体を持って生きているのです。

様々な教義の解釈によっては、肉体が悪い（生まれたことが悪い）という風に取られがちですが、それは誤解を生み続ける解釈です。

肉体を持って生まれることには理由があります。肉体があるからこそ宇宙を拡大できる。それは、愛を知らない痛みの記憶が、愛そのものである心神《たましい》の世界へと還ることができるという、大切なプロセスがあるからです。

肉体を持つのは、他者とのコミュニケーションを通して、愛を知らないものに愛を知らしめる役目があるからで、それ以上でもそれ以下でもありません。

いつからか私たちは、本来の役目を果たすことより、自分の肉体で何をするのかということに意識を集中するようになりました。自分は肉体であるという前提で生きるようになったのです。

私たちの肉体はとても弱く脆いものです。

ちょっとしたことで怪我をし、病気になり、そして死んでしまいます。

肉体が自分であると考えることは、自分自身は弱く傷つきやすい存在なのだと信じて生きることになります。

確かに私たちは肉体を持って地上に生きています。
肉体には寿命があり、また怪我や病気にとても弱くできています。
私たちは肉体だけではない存在なのだと、思い出すことなく生きるということは、ただただ「肉体（自分）がなくなる恐れ」に苛まれ続け、それを避けるためになんとかやりくりすることに終始する人生になります。

肉体というのは、愛ではないもの、愛を知らない存在が愛を体験するための便宜上の処置です。身体的な能力や体の部位の健全さというのは、必ずしも比例するものではありません。

健康と癒やしについて

健康と癒やしについては、とてもデリケートでプライベートな問題を含むので、お伝えすることに慎重にならざるを得ません。

ここでは、個人的な問題まで網羅できませんが、基本となる考え方、受け取り方をお伝えしていこうと思います。

スピリチュアルな話題の中で、このテーマが問題視されているものが多いように思います。

例えば、病気は愛情のない考え方をした人が病むものだとか、病気は幻影であり実際にはないものだとか、世界の悪夢であり現実ではないとか。

実際に首をかしげたくなるような説が、スピリチュアルでは当たり前とされていたりします。


心を癒やすことで肉体が癒えますよ。

神様に懺悔し解放してもらえるように祈りましょう。

肉体の波動を調整することで病が治りますよ。

過去生を許し、自分を許すことで不思議なことが起きますよ。

こうしたフレーズはよく聞きますし、この肉体を無視した言い回しやその原因の解釈が、スピリチュアルは怪しいと思われてしまう原因だと、私などは思います。

私たち人間は馬鹿ではありません。こうした解釈や言い分がこれほどまでに広まるには、ちゃんと理由があります。

中でもこうした話を加速させるのは、実際それが真実であったという人たちの存在です。

神に委ね、自分を大事にしたら、ガン細胞が全て消えていた。

どこそこの神社仏閣にお参りに行ったら、腰が治った。

波動調整をしてもらったら、苦しんできた皮膚病がよくなった。

過去生を見てもらって浄化したら、不治の病が楽になってしまった。

嘘だと思うかもしれませんが、これらのいくつかは実際に私が見知っている人の話です。

こんな話を聞けば、「わたしもその恩恵に与《あずか》りたい」と願うのは当たり前です。

ですが、同じように神に願い、同じように自己浄化し、同じような施術を受け頑張っても、結果が出ない人もいます。
何故でしょうか。

ここにいくつかの誤解と解釈の違いがあります。
まず、スピリチュアルな治療方法を学ぶと、病気が治癒したかどうかは、自分は正しい生き方をしているかどうかと同じだという判断基準ができてしまいます。

治らなければ、自分の生き方が悪いと批判されてしまったりします。今まで信じてきたものが全て嘘だったのだと裏切られたような気持ちになったりもします。逆に同じことを親しい人に言われたりすると、ただでさえ肉体的に辛いのに、自己否定されたようになり、やればやるほど愛とはかけ離れた精神状態になってしまいます。

病が治癒することと、正しい生き方に関係性はありません。

悟りを得たと言われる有名な人たちも、病になったり、それが原因で亡くなったりすることも普通にあります。

従来の解釈で学び、信心深く自分を掘り下げ頑張ってきた人ほど、自分が信じてきたマスターが癌になった時に、騙されたと騒ぎ出すことがあるようです。

「悟れば病からも解放される」ということを信じているわけですから、自分が信じたマスターは悟っていなかったということになってしまうので、騙されたと怒って当然かもしれません。

しかし、その解釈を信じ続けると、精神的に大変辛いことが必ず起きます。

人は誰でも、何かしらの肉体的不具合によって死ぬ定めだからです。

治療がうまくいった、健康になったというのは喜ばしいことです。しかし、それをスピリチュアル的な成長の物差しにするのは、愛を司る心神《たましい》の世界ではなく、愛を知らない痛みの記憶の世界の受け取り方です。

人間の寿命というのは、人のコントロールを超えた世界、つまり心神《たましい》の世界で決められているものであり、当然そこに今世の生き方や器量や性格の良し悪し、努力などは一切入る余地のないものです。

病が治るか治らないか、という結果についても心神《たましい》の領域です。

漫談家の綾小路きみまろさんの、「くよくよする必要はありません、人間の死亡率は100%です」という軽快でちょっぴり毒舌な漫談を聞いたとき、私は軽いショックを受けました。間違いのない真実だけれど、そんな風に考えたことがなかったからです。

私たちは生まれたからには死ぬ運命しかないのだ、というシンプルな真実を、正面から一度受け止めてみてください。

そしてそこから湧き起こる死への恐怖は、痛みの記憶が持つ「恐れ」の基本であり、あって当たり前のものだということも同時に、受け取って欲しいのです。

死への恐怖はあって当然、恥ずかしいことでも情けないことでもありません。

怖いから回避したいと思うこともまた、当たり前です。


そんな恐怖ばかりを全面に感じてしまう恐れの記憶に対して、私たちができることは、病気の向こうにある愛に目を向けようとするシンプルな意識の変化です。

肉体が病気であったとしても、思考を健康的にして過ごすことはできるという、一つの提案をここでしたいと思います。

そしてそれこそが、ここで一番お伝えしたいことです。


病気になっても、人生は寿命がある限り続きます。

健康な思考

「今までの考えを変えるくらいなら、死んだほうがマシ！」

特に頑固じゃなくても、他の人の意見や自分とは違う意見に対して、自分でも驚くほど心を開くことができなくなることがあります。

中でも、今までの常識や信念のようなものを変化させるのは至難の業です。

心神《たましい》の法則は、そうした意味で至難で困難な道かもしれません。が、それは痛みの記憶の「なんでも怖がって否定する思考」がそうさせているだけです。

実際は法則を実行して奇跡が起きるのをただ受け入れてゆくという、とてもシンプルで平安な日々を過ごすだけです。


さて、私たち一人ひとりの内側には、人智を超えた知性と力があります。

この人智を超えた知性と力は、どうやったら活性化させられるのでしょうか。

どうしたら私たちは、肉体的な苦しみから救われるのでしょうか。


手がかりは、認識を改めるだけという変化。

「だけ」と書いていますが、ここが従来の常識を超える至難の業なのです。

罪を認める、つまり自分が悪かったと認めるのが嫌なのは、認めると贖罪しなくてはならないからです。

贖罪とは、自分が犯した罪や過失を償うために、善行をしたり金品を出したりするような行動を指す言葉で、罪滅ぼしとも言います。いくら罪滅ぼしとはいえ、自分の意思とは違うことをするのは嫌なことに違いありません。

自分の非を認めると、とても嫌なことが起こる。

そう感じるからこそ、私たちはなかなか罪を認めることができないのではないかと思います。この恐れが健康な思考をできなくしている理由の一つです。

∮

身体が健康でない状態は、とても辛いものです。

それは肉体的な痛みや辛さだけではなく、自分でコントロールできないものだからです。その体験が自分という存在を振り返る強烈なもので、目覚め（自分は三位一体なのだと知るきっかけ）にもなるのですが、肉体に執着しすぎてしまっているために、目覚めへと繋がる人が少なくなってしまっているのです。

自分の体が自分でコントロールできないという、よく考えれば当たり前のことに日常では気づけません。そんな気づけないものに集中することができる最も大切なそのときに、身体のことだけをクヨクヨと心配する誘惑に負けてしまうことが、現代の歪みのなせる業です。

私たちはいつの間にか、そして当然のように病は人間の敵であると思い込んできました。

敵である病にならないための予防の中には、肉体的な健全さだけではなく、自分の生き方や性格も健全であることが必要だと言われ、自分の生活習慣やネガティブな思考パターンを改めようと努力するようになりました。

病は確かに辛い状態を引き起こしますが、敵ではありません。

私たちは誰一人残らず死ぬ運命であり、当然死は敵ではないからです。

心神《たましい》の法則での「本来の生き方」というのは、精神的かつ感情的なものを成長させることであり、肉体的な運動とは違います。

∮

いつ死ぬのか、どうやって死ぬのかを思い悩むよりも、どんな存在として死ぬのかに向き合ったほうが、よほど健康的です。そして、このことを受け入れることで、次の道が開かれます。

たとえ肉体的な辛さは変わらないとしても、内側がリラックスして生きることはできます。

病であるとき、スピリチュアル的な知恵を学び、病気に対する心構えや意味づけを受け入れることも、現代医学をもって対症療法をすることも、実際どちらでも構いませんし、両方をバランスよく取り入れることも可能です。

ただひとつ、「わたしたち」に知っておいて欲しいことがあります。

いつもどんなときも心神《たましい》に依って生きることができるということです。

心神《たましい》と共に生きることで、どんな選択をしても精神的、感情的な苦しみが楽になっていく奇跡を味わうことはできるということです。


先日、人生で何度目かの帯状疱疹になりました。

水疱瘡のウィルスなのですが、体の神経に沿ってウイルスが動くため激痛が襲い、同時に皮膚に水泡ができ寝ることも困難になる、見た目以上にきつい病気です。


急に始まった体側面の激痛で夜中に眠れなくて、イライラしていた私は、いつもの方法でなんとかしようとしていました。

いつもの方法というのは、「なんで私ばっかりこんな目に遭うんだ」というネガティブな感情と同時に、「何か悪いことをしたのだろうか」という罪悪感に取り込まれる、ネガティィブの塊になって自己反省することです。

熱もありフラフラするので、とりあえず痛み止めを飲もうとしました。

すると、「痛みの原因がわからないのに薬なんて飲んでいいの？」という理屈っぽい声が始まり、「こういうときは自分を顧みる機会にしなきゃ」とかの鬱陶しい思考が始まりました。

次第に「そんなことどうでもいいから、とにかく薬を飲まなきゃ」「痛くて死にそうだから救急車呼んだほうがいいんじゃないか」という不安が起こったり、「この程度で救急車とか近所に恥ずかしいし……」と否定してみたりで頭の中が騒がしくなり、体の辛さと精神的な不安定さで、さらにぐったりすることになりました。


これが普通の、いえば当たり前の状態です。

この通常の状態を「ダメなことだ」というスピリチュアル的な教えもありますが、心神《たましい》の法則では、こうした痛みの記憶の独り言とも言えるネガティブな会話を否定せず、ただ「そう思ってる自分がいる」と、客観的に自分を見る自分がいるかどうかだけを問います。

私は、普通の状態（頭の中がネガティブで騒がしい状態）から出るのが難しく、痛みに耐えながら、延々と眠れずにイライラしていました。

「あっ」と気づけたのは、「自分が今イライラしている」と、客観的に見れた時でした。

そこに気がつけば、あとは楽勝です。


ただ心神《たましい》にホウレンソウするだけでした。

「頭の中が煩くて、自分が何をしたらいいかわかりません。

激痛で眠れなくて、とにかく辛いです。

自分を責めたり、死ぬかもしれないという不安と恐怖で押しつぶされそうです。

救急車呼んだほうがいいですか、私死にそうなんですけど……」


こんな風に、とにかくひたすら自分の頭の中の声を言葉にして、感情を言葉にして「どうにかしてください」と相談しました。

しばらくすると「救急車はいらんな」と「わかり」ました。

そして「痛み止めを飲もうかな」と「素直に」動きました。湿布を貼ってほしいと「素直に」夫を起こして頼みました。

今の私にできることが、必要なことが「わかる」のです。

帯状疱疹はその後も約一ヶ月以上続き、発熱や倦怠感、ぎっくり腰のような腰痛と、神経に沿った激痛、皮膚の水泡に睡眠不足も重なり続けて体はボロボロでした。

そんな中でも、眠れないときは

「あなたに全てまかせます。眠れないのならそれも受け止めます。受け止められないものは、あなたが受け止められるようにしてください。私にはもう全てが無理です」

とホウレンソウすると、いつの間にか眠っていたり、「まあ、いっか」とベッドの中で本を読んで気が紛れるほどに体が楽になっていたりと、辛いなりに「我慢しないで」乗り越えることができました。

「わたしたち（痛みの記憶）」にできることは、不安になり、そこからさらに不平不満を膨らませ、感情を爆発させるようなことばかりで、痛み一つ取ることはできません。


私が選んだのは、心神《たましい》と共に生きる道。

治癒しないのは、私の心の在り方がダメなのではなく、体を司っている心神《たましい》の道、つまり運命なのだと思うことにしたのです。


耐えられないものがあるなら「耐えられない」と素直に報告する。

もう嫌なら、「もう嫌だ、なんとかして欲しい」と相談する。

それでも治癒しないなら、それはもう私にはどうしようもないことなのだけれど、それも受け入れられないから、「あなたが受け入れてください」と依頼する。

私たちが運命というものに対抗できるとしたら、心神《たましい》へ全てを依頼することだけです。


肉体的なことに対して、治癒を目的とした治療を選択しても、緩和治療を選択しても構いません。

どちらを選んでも、あなたが心神《たましい》と共に選ぶことであれば、全く問題ありません。

第三の目を開いて、心神《たましい》と共に人生を生きることが意識から抜けていなければ、何を選択しても、愛を増やすという今世に生まれた目的を達成することが可能になるからです。

肉体の虚栄と欺瞞（体重や老化について）

私たちは三位一体の存在であり、私たちの本質は肉体よりも心神《たましい》にあります。

肉体が考え、語り、動き、苦しみを感じて死んでいく、という痛みの記憶が作り出した筋書きは、心神《たましい》の存在をすっかり忘れさせてしまいました。

肉体の目は、外形だけを見るものです。

肉体を、愛を増やすための形ではなく、愛を得るための手段と認識してしまうと、そこに恐怖が生まれ続けます。

「わたしは人に好かれる魅力があるだろうか、この見た目のせいで、誰にも愛されなかったらどんどん歳をとってしまって、ずっと一人ぼっちになってしまう」という恐怖です。

これが虚栄へと繋がっていきます。

自分という存在を肉体と同一視する在り方は、虚栄と欺瞞の世界から出られなくさせます。

あらゆる広告の中で、一番多いのは見た目の改善です。

体重、髪の毛、顔の形などの外見に、過剰なまでに囚われている現代。

理想の自分になるために年間何億円ものお金が使われているので、こうした業種はなくなるどころか数を増し、中には詐欺まがいのものも多くなってきています。

怪しいんじゃないかとわかっていても、もしかしたらもっと綺麗になるかもと思わせる誘惑。

こんな風にどこまで頑張っても満足できない人が多いのは何故でしょうか。

今の若い女性が摂取する栄養値は、戦後の食べ物がない時代より低いそうです。

私も長い間、体重で悩んできました。

太っているわけではありませんでしたが、5キロから7キログラムくらい理想より体重が多いと思っていました。

ダイエット経験者の中には同意する人もいると思うのですが、ダイエットするたびにリバウンドして体重が増えていくのです。これは「食べられない」ことで常に食べ物のことばかり考えるようになってしまい、少し体重が減ると待ってましたとばかりに貪るように食べてしまうからだと自分でもわかっていました。

それでも止められない食欲に、自分でもどうしようもなくうなだれたものです。

更年期に差しかかる頃には代謝がさらに悪くなり、食べなくても太ってしまうようになりました。

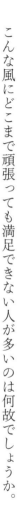

結局食べないように我慢していても、太っていくようになってしまったことで、私の中で体重への虚栄心がどんどん薄くなっていきました。


そして気がつきました。

私にできることは、体重の問題を手放すことだけだと。


手放すというのは、心神《たましい》に「体重を減らして欲しい」と願うことではなく、自分の外見に対して不満を持ち続けることをなんとかして欲しいと依頼することです。

太っていることが心神《たましい》の道であるなら、自分ではコントロールできない運命として受け入れるしかありません。

しかし、肉体を自分だと思っている痛みの記憶にとって、それは受け入れ難いもの。

だから「私が太っていることが必要なら、それを快く受け入れられるようにしてください」と願うだけでした。


すると、ある日から急に「軽い運動」と「マッサージ」をするようになっていました。あれほど自分で決心してやっても三日坊主だったのに、本当に自然と始まったのです。運動とマッサージによって、むくみが取れ始め、体が軽くなっていきました。

肉体は私たちの一部です。

そして肉体以外の私たちも存在しています。

確かに肉体だけの存在ではありませんが、だからといって肉体を蔑ろにしていいということはありません。運動していないときと運動しているときでは、自分の体を大切にしているかどうかという違いがわかるようになりました。

不思議なことですが、運動をしているときは、足が太かろうがお腹に肉がついていようが、あまり気にならないのです。

ところが運動をやめてしまうと、背中の肉が気になりだし、二の腕を見るたびにため息が出るようになり、腰回りに肉がついてしまったと考え続けるようになってしまうのです。逆だと思っていたのに、本当に不思議なことです。

心神《たましい》と寄り添って生きると、何が起こるか本当にわかりません。

∮

肉体の老化というのは、苦痛と悩みでいっぱいになるものだと思われています。老いに対する嫌悪感で、ノイローゼのような状態が社会現象になっているかのようです。他の全てと同じことですが、老齢をありのままに受け入れれば、全く違った体験が待っています。

私が整体師だった頃の患者さんの中に、七十代の女性がいました。彼女の悩みは腰と膝の痛みでしたが、それよりも辛いのは若い頃のように動けないことだと言いました。

「若いときは家中の部屋掃除なんてパパッと終わらせたし、廊下の拭き掃除もキュキュッとできたのに、今は一つの部屋を掃除するだけでやっと。もう本当に歳をとるって嫌な思いばかりする」とおっしゃいました。

それは本当に辛そうでしたが、私の口から出た言葉は「もったいないですよ」でした。

確かに、肉体はどんなにメンテナンスをしても、若い頃のようには動かなくなります。でもそれは当たり前のこと。

若い頃と同じように動かないということを不満に思い、当時のように動けるようになりたいと思うのはよくわかりますが、そこに意識を向けている限り、死ぬまで「歳をとりたくない、若い頃はもっとできたのに……」と今を否定した意識で生きることになります。

過去に囚われて自己否定して生きていく。

それはとても不幸な生き方です。

考え方を少し変えましょう。

生きれば生きるほど知識と経験は増大していきます。

それはどんなことであっても、とても雄大な人生の結果だと私は思います。

体が思うように動けないとしても、歳を重ねた知識と経験によって、多くの人の役に立つことができます。

最近はほとんど見なくなりましたが、そうしたお年寄りは村や町の宝として、とても尊敬され大切にされてきました。動かない体の代わりに知恵を差し出し、身の回りのことは若い方にお任せしていく。そうしてお年寄りの周りには人の笑顔が絶えなかったのです。

痛みの記憶は、肉体が枯れてしまうことで、その人も枯れてしまうと主張しますが、そんな痛みの記憶主体の文化は、とても思いやりのない冷たい文化だと思いませんか？

私がいつも心している言葉があります。

子供叱るな、きた道だもの。

年寄り笑うな、ゆく道だもの。

私も昔は馬鹿なことばかりする子供でした。
そしてどんどん歳をとって、肉体的にできることが限られてきました。

誰も止めることのできない道。
だからこそ、一人で頑張って生きるのではなく、心神《たましい》と共に、心神《たましい》に頼って生きていくことが今こそ大切なことではないかと思うのです。

死について

死には二つの恐怖があります。
大切な人がいなくなってしまう悲しみと恐怖、そして自分自身が死ぬという恐怖です。

どちらも、正面から受け止めるには精神的にヘビーなことで、私たちは自動的にそこから目を逸らして、自分も周りの人もずっと生き続けるのだと、どこかで思い込んで生きています。

それほどまでに、死について真面目に考えるのは怖いことであるとも言えるのではないでしょうか。

それでも、私たちの周りにはいつも「死」があり、目を逸らし続けることはできません。


そこで、ここでは二つの側面から「死」についてお伝えできればと思います。

一つは「死とは何か」ということ。

一つは、どうやって悲しみと恐怖を受け入れるかという、実際に今すぐ使える、生きるヒントです。

私が非常に尊敬する女性がいます。

臨死体験者であり、その体験をもとに「死」に直面し続けている人たちの力になろうと奮闘していらっしゃいます。

臨死体験とは、死に瀕した人が、意識を取り戻した後に語る不思議な視覚体験のことです。なんとも恐ろしい体験をされたのではないかと思うのですが、体験者の多くは、自分の体から抜け出して天井に浮かんでみんなを見ていたというような体外離脱や、トンネルをぬけて眩い光に包まれた世界に移動したとか、美しい花畑があり、家族や友人に出会ったり、超越的な存在（神）に出会ったりと「美しい場所だった」とか「何も怖くなくて静けさと愛の中にいた」などの多幸感を語ります。

最近では脳科学が発達し、これらの現状は死に瀕した脳の働きであり、脳が見せる「幸せな夢」だという科学的な説も出てきました。

神秘的または科学的な見解、どちらにせよ、どうやら死ぬときの私たちは「多幸感」を感じる世界に行くようだと解明されてきております。

つまり、死とは私たちが恐れているような世界ではないということです。

先ほど、尊敬している女性がいるとお伝えしましたが、その方もこの多幸感を感じてきた実体験を、死にゆく方に伝えることで、または大切な人をなくして苦しんでいる方に伝えることで、その恐怖と苦しみから少しでも解放されるようにと活動していらっしゃいます。

これは経験した人だけが持つ、「事実」があるからこそ、力強い助けになっているのだと感じます。

死ぬということが、ただただ恐怖だと思ってきたことが、実はそうではないという選択ができると知れただけでも、随分と「死」というものがそれほど怖くなくなっていきます。

哲学者のエピクロスという方がいますが、彼は人生の最大の目的は「心の平安を得ることだ」と言いました。

私たちが恐怖する根底にあるのは「死」です。

今、私たちは神秘的な経験をした人たちや、科学的な見解を持つ人たちの意見を聞くことで「心の平安を持って、自分の死を考えられる」という選択ができるようになりました。

死ぬということは、多幸感の世界に入っていくことなのだから、いい夢を見ようかな、という気持ちで死んでいくことができるんじゃないか、と。

そしてそれは自分で何とかできる世界ではなく、心神《たましい》の管轄。

孤独の中で、死の恐怖に震える夜が来た時は、どうか一人で乗り越えようとしないでください。

あなたの中には、あなたの寿命をも握っている心神《たましい》がいます。

管轄外で、怖がることしかできない私たちなのだから、心神《たましい》へと丸投げしてしまいましょう。

「死は怖いです。どうかあなたが私の代わりにこの恐怖を受け持ってください。私には耐えられないです」

「死ぬときは、どうかあなたと共にいることを実感させてください。苦しみも痛みも、どうかあなたと共に分かち合って終わりを迎えることができるよう、あなたが準備してください」


言葉はなんでも構いません。

大切なのは言葉ではなく、あなたの中の恐怖を正直に伝えること、そして心神《たましい》に乗り越えてもらえるように、自分は怖くて辛いのも苦しいのも嫌だから、それも含めてなんとか受け入れられるように、耐えられない時は耐えられるだけの勇気が欲しいという気持ちを、伝えることです。


私たちは、どうやら幸福感で満たされて死んでいく。

心の中に平安を広げて、それを受け入れて、いい夢を見るように死んでいけるのだと、そんな気持ちになってみて欲しいと思います。

私は重度のペットロスになったことがあります。

私の人生は、常に何かしらの動物と共にあり、ペットの死はそれなりに経験してきましたので、まさか自分が愛猫を亡くしたことでうつ状態になるとは、思いもしませんでした。

当時、家にはまだ犬と猫が1匹ずつ残っていて、この子たちも死んでしまうのか、そう思うだけで胸が張り裂けそうになり、あまりの悲しみと大切な存在を失う恐怖で、自分が死んでしまいたくなったのを思い出します。

ペットでさえこれほどまでに悲しいのです。

大切な存在を失う悲しみや恐怖について語るのは、とてもデリケートな部分に触れることにもなるため、非常に難しいと感じています。

ただ言えることがあるとすれば、その悲しみが深いほど、あなたは相手を大切に思っていたということです。すぐに立ち直らなくても当然ですし、悲しむことにブレーキをかけないで欲しいと思います。

そして、それを踏まえた上で、死後どうなるかという話を聞いたり、大切な存在がいなくなった後、残された人たちはどう生きるのかということに意識を向けられるようになった時に、また生きていく力が出てくるのではないでしょうか。

死後の世界の話や輪廻の話は、大切な存在を亡くした方の生きる力になることが多々あります。

決して怪しい話で終わらせてはいけない、生命力の源になるものです。

例えば私の場合は、愛猫を病気で亡くして深い悲しみの中に入り込んでしまったのですが、そこから立ち直るのに一番強烈に効いたのは「動物の輪廻は早いんだって」という話でした。

愛猫「ライ」を亡くして三ヶ月ほど経った頃のこと。

いつものように気力もなく、ボーッとネットサーフィンをしていた時、なんとなく「ライくん、どうしてるかな」と思ったんですね。

すると内側からの声なき声が聞こえてきました。

「ライくんは、もう生まれ変わってるんだけど」って。

「えええ？？？」


あまりのことにびっくりしましたが、よくよくその言葉と意味を噛み締めてみると、なんだか可笑しくなってきました。

私はずーっと、もっとできることがあったんじゃないかって後悔ばかりして愛猫のことを思い煩っていたのに、あの子はすっかり生まれ変わって、どこかの誰かに可愛がられてるんだ……って思ったら、急に目の前の霧が晴れたような感覚になり、笑いが出てきました。

その時やっと、今目の前にいる家族や他のペットたちに意識が向いたのです。

考えてみれば、目の前には大切な夫や娘と孫、それに犬も猫もいるのに、死んでしまった猫にだけ意識が向いていて、周りが見えなくなってしまっていたんだと気づいた時に、やっと我にかえりました。

あれから時がたち、そばにいてくれた犬猫たちもこの世を去りました。

それはそれは悲しくて寂しく、思い出せば今でも涙が出てきます。

でも同時に、不思議なことですが「元気で生まれ変わってるんだ」と思うと心のモヤモヤが晴れて、あの子たちに力をもらって前に進めるのです。

これが本当の話かどうかは、わかりません。

ただ、それを知った私は「あの子たちの愛をもらって、私もあの子たちを愛していた」という事実を受け入れることで、人生をより豊かに感じることができているということは、紛れもない「真実」だということです。

人間の場合は、輪廻のシステムが動物とは違うのでこの限りではありませんが、死は「幸福な夢の世界」を垣間見ることができるとするなら、それを信じて受け入れることで、どれほど気持ちが救われるか。

私は、残された方にこそ救われて欲しいと願っています。

その悲しみや寂しさ、辛さは想像を超えるものばかりです。みんな同じ辛さを味わっているなんて思ってもいないし、言うつもりもありません。

ただ、少しでも気持ちが悲しみから目を上げることができるとしたら、それは死後の世界は意外と悪くないということを受け入れたり、笑顔で生まれ変わってるかも知れないと思ってみたりすることも、アリなんじゃないかと思うのです。

そして、辛い時こそ、ぜひ心神《たましい》と共に過ごしてください。

あなたの悲しみも、孤独も、深い深い絶望も、いい知れぬ罪悪感も、全て丸ごとわかってくれる存在は、あなた自身である心神《たましい》です。

そしてそこから救ってくれるもの、心神《たましい》です。

耐えられない、私の代わりにあなたが耐えて。
もう生きていたくない、あなたが代わりに生きてみて。
何もしたくない、あなたが代わりにやって。
全部、丸ごと、丸投げで。
心神《たましい》に怒りや憤りをぶつけることだけでも、いいです。

すると、きっとあなただけがわかる、小さな変化が起き始めます。
立ち上がらなくても、立っている自分に気がついたり、自分を見守ってくれている人たちに気づいたりするようになるかも知れません。

その時はきっときます。
だから一人で耐えないで、心神《たましい》と共に生きてみて欲しいと思います。

あなたの幸せを生きる

この世界は、願って努力すれば叶う世界ではないのです。びっくりするくらい簡単に、自分の手にあるものがなくなってしまう世界なのです。このことを知ったのは、大切な人をなくしたときでした。

そんな間（あわい）の世界に住んでいる私たちは、自分の幸せを想像し実現しようとして、いろんな方法で望むものを手に入れようとしています。

その幸せは外側で手に入る質量ではありませんでした。

このことを知らないうちは、外側の世界で何かを埋めようとし続けます。

「あの人は恵まれてる、羨ましいなー」と思う人が実は不幸せだったり、逆に深刻な問題を抱えていながらも、幸せを感じていたりする人がいます。

どんな贅沢も愛情も、自分が喜ぶからこそ幸せの形になるものであって、望まない愛情や贅沢は、地べたの砂より無価値なものです。

幸せになる鍵は、どうやら自分の意識にありそうです。

まず幸せの世界観には、三つのレベルがあることを把握するとわかりやすくなります。

痛みの記憶にとっての幸せとは、欲しいもの（パートナー、使命、お金、時間、理解ある家族など）が手に入れば幸せだと感じます。

また、状況（不満のある職場、愛のない家庭、友人のいない現実など）が変わったら幸せ。

さらに自分のマイナスのところ（ネガティブな性格、容姿、年齢、体型など）が減れば幸せになるはずと思っています。

これは痛みの記憶の幸せの形で、みんなが欲しているものです。
それらがあれば、この世はとても生きやすそうだと私も思います。

この世界観は、自分は未熟な存在で、誰かに愛してもらわなくてはならず、愛されるために自分をさらに成長させなくてはならないという、ややこしいところから始まります。

幸せになるためには、いろんなことをしていろんなものを手に入れなくてはなりません。幸せになるためのサバイバルな世界が始まります。

人間関係では、常に嫌な人が出てきては自分の邪魔をすると感じるので、なんとかしなくてはなりません。

恋愛や結婚については、相手を自分のものだと勘違いしてコントロールしようとしたり、逆に相手に気に入られようとコントロールされたりします。

仕事やお金に関しては、何がしたいのかわからずモヤモヤの中で日々を過ごしているので、やり甲斐や使命がわかれば幸せになれるんじゃないかと思っています。

そんな中で、不満を抱えているけれど続けないとお金がなくなってしまうからと、諦めたように仕事をするか、逆にシャカリキに仕事に夢中になったりします。

自分自身については、常に未熟だと思っているし、自分を見つめて癒やさないと幸せになれないと思っています。


私が心神《たましい》のことを知らず、痛みの記憶だけで生きているときに感じていたことは、誰かが私を楽にしてくれるはずだから、その人を探さなきゃということでした。

これだけ不幸続きなのは、神様に見放されているからだとも思っていましたし、世の中を見れば暗い事件ばかりで、なんてひどいことばかり起きるんだと憤慨し、同時にやっぱり神という存在はこの世にいないと思っていました。

自分が何をしたいのか、何を望んでいるのかもわからず、日々の忙しい生活の中で自分を見失っていました。

私はどこまで頑張れば報われるのだろうという思いばかりで、ただ生きるのが辛くて大変でした。

苦しみから逃げるようにスピリチュアルを学び出して、少しずつ幸せの世界観が変わりました。

今まで不満だらけで、自分が被害者だと思っていた人間関係については、自分の反省点を探して、自分を磨くように努力しました。

「どうして私はイライラしているのだろうか」などをスピリチュアルで学んだように、自分の内面や感情を見つめるようにしていました。

∮

嫌われたくなくて、人の顔色ばかり見てきたけれど、自分を大事にしなきゃと思うようになり、貧乏で後回しにしてきた自分の化粧水や乳液などを少しずつ買うようにして、お肌のケアを始めました。

パートナーとの付き合いは、お互い違う人間なのだという立ち位置に立って、どうやったら歩み寄れるか、どうやって自分の思いを伝えようかと考えるようになりました。

お金や仕事については、仕事ができるだけありがたいと思うようにし、生活していくための支払いのお金はいつもある、と考えるようになりました。

この頃の私は、自分がどうしたいのかということに意識を向けながら、周りの人や事柄に文句を言うよりも、解決方法を見つけることが大事だという方向へとシフトを変えていたように思います。

確かに、この世界観の変化によって、不平不満は減ってきたし、お金も前より回るようになりました。が、私の中で「頑張るところ」が変わっただけで、生きるストレスのようなものは変わらなかったのです。

スピリチュアル的な生き方をしてみて実感したのは、どんなに浄化しても、どんなに自己反省しても、内側から湧き起こるネガティブなものは尽きることがないということでした。

やってもやってもキリのない醜い自分に「私は心底心の美しい人間にはなれないん

だ」という、以前よりも強い自己嫌悪と自己否定の嵐が起き始めました。

残念な自分のまま幸せになる

スピリチュアルで学んだことを実践する中で、確かに運気が上がったり、人とのコミュニケーションがうまくなったり、お金が回るようになったりと「良いこと」が起き続けましたが、私の内側は「自分は嘘つきだ」という思いでいっぱいでした。

「いつまでこれを続けるんだろうか」なんて思ったり、「お金がもっと欲しいんだけどこれが私の限界だよね、所詮私のやることなんて……」と思っては、それを打ち消すように「いいえ、私はいけてる！」と言い直したり。

確かに私はスピリチュアル的な生き方をしていましたが、本当の自分を見つけるはずが、さらに見失ってしまったような、自分らしさとはかけ離れた生き方をしているような気がし始めていました。

そしてある日、ブチギレました。

神様がいろんな体験をしたくて私たちは生まれたのだから、辛い経験も神が望んだものだなんて、そんな馬鹿な話があるか！

神様ってどんだけ辛い思いをしたいんだ！

こんなスピリチュアル、やってられるか！


その日から私の心神《たましい》との長い旅が始まりました。

神様がいろんな体験をしたくて生まれたのではないのだと、はっきりと伝えられたあの日から、五年の月日が流れました。


ダメなのは私のせいではなく、私の一部である痛みの記憶の役目であると。そしてそれは愛へと還す種なのだと。

だからあなたは、ダメなままで幸せになれるのだと。

自分を変えようとしてもいいし、しなくてもいい。
どちらでも、心神《たましい》と共に人生を選択し続けることが、実は幸せな歩みになるのだというシンプルでありながらも、とても難しい法則。

私は今も、ダメで残念な自分のまま、この本を書いています。
部屋はグチャグチャで、机の上には書きかけの原稿や飲みかけの水など、てんこ盛りで、スピリチュアル的にも開運風水的にも、ダメダメな状態です。

自分を責める声は相変わらず「こんな状態でスピリチュアルの話を書くなんて」とか頭の中で言っていますが、「こんなん言ってますけど、すんません、お願いします」とか、心神《たましい》に適当にホウレンソウしながら、それでも私がこの本を書く必要があるなら、そのようになるだろうと信頼して今日まで言語化してきました。

ダメなままで。
残念な自分のままで。

そんな自分を自分で許すのではなく、心神《たましい》に許してもらう。

できることはさらに深淵に、できないことはなんとかできるように意識を持っていってもらう。

「やりたくないことはやりたくない」と報告しながら、「必要ならやる気が出るようにしてください」とお願いしたり、そんな緩い毎日を送っています。


一緒に学んできた人の多くは、心神《たましい》へのホウレンソウについて「言葉遣い」に悩むことがありましたが、言葉遣いよりも、自分の感情や思考をできるだけ言語化することに意識を向けるようにお伝えしています。


「神様、わたしは今こんなことで悩んでおります。どうかどうかお助けください」

と言葉遣いを丁寧にするよりも、どんなことで自分は悩んでいるのか、どんなことが不愉快なのか、どんな感情が出ているのか、どうしたいのか、ということをできるだけ

素直に、
素直に、
素直に、
言葉にする。

だって、心神《たましい》は自分自身ですから通じますって。

まじ、もう辛すぎて耐えられなくて、無理だから！
何が辛いって、あの人がわたしに辛く当たるからよ！
あなたがわたしの代わりに、これを乗り越えて！　もう限界！
その代わり、どんな結果になっても全部丸ごと受け入れます！
受け入れられなかったら、受け入れられるようにしてください！
本当にもう、お願いします！

こんな感じのほうが、余程伝わりますし、ものすごく簡単に結果が出ます。

ポイントは、

「どんな結果になっても、丸ごと受け入れます」

「受け入れられなかったら、受け入れられるようにしてください」

これです。

これさえ入れておけば、なんでもいいくらいに、気軽に実践してみてください。

あなたが幸せに生きられますことを、心よりお祈りしております。

どうぞ良き風が吹きますように。

【著者略歴】
佐倉志奈子（さくら しなこ）

1967 年、岐阜県に生まれる。

幼少期に祖父に預けられ、思春期には暴走族と付き合うようになり、16 歳で妊娠、結婚。その後、浮気とＤＶを繰り返す夫との結婚生活で、心身ともにボロボロになり離婚を経験する。

シングルマザーとして２人の子育てをしつつ、働きすぎで腎臓を壊して入院したり、リストラにあって生活苦になったり、やっと再婚したもののまた離婚を経験するなど、ジェットコースターのような壮絶な日々を送っては人生を嘆き、神を恨む。

立ち直り始めたある日、声なき声で「お前を愛している」と聞こえるように。とうとう頭がおかしくなったかと思いながらも、ダウンロードされ続けたその声の内容の深淵さに心が震え、実践・研究を重ねる。

それを言語化し、まとめたものが本書である。

本文デザイン・DTP ／野中賢・安田浩也（システムタンク）
装丁／冨澤崇（EBranch）
校正／あきやま貴子
編集／小田実紀

心神（たましい）の法則

初版１刷発行 ● 2023年10月23日

著者
佐倉《さくら》 志奈子《しなこ》

発行者
小川 泰史

発行所
株式会社Clover出版
〒101-0051 東京都千代田区神田神保町3丁目27番地8　三輪ビル5階
Tel.03(6910)0605　Fax.03(6910)0606　http://cloverpub.jp

印刷所
日本ハイコム株式会社

ISBN 978-4-86734-178-0　C0011